Achtsames Leben in der
STADT

Titel der Originalausgabe: *Mindful Thoughts for City Dwellers*

© 2019 Librero IBP (für die deutschsprachige Ausgabe)
Postbus 72, 5330 AB Kerkdriel, Niederlande

© 2018 Quarto Publishing plc

Verlegerin: *Susan Kelly*
Kreativdirektor: *Michael Whitehead*
Lektoratsleiter: *Tom Kitch*
Artdirector: *James Lawrence*
Cheflektorin: *Monica Perdoni*
Verantwortliche Redakteurin: *Jenny Campbell*
Lektorin: *Jenni Davis*
Illustrator: *Lehel Kovacs*

Übersetzung aus dem Englischen:
Michaela Back, Wien
Redaktion und Satz der deutschen Ausgabe: Print Company
Verlagsges.m.b.H., Wien

Printed in China

ISBN: 978-94-6359-163-8

Achtsames Leben in der
STADT
Die Freude am urbanen Leben

Lucy Anna Scott

Librero

Inhalt

Nachricht von einer

Freundin der Stadt

Als ich in meinen 20ern nach London zog, war ich wie eine dieser Filmfiguren – Buddy in *Der Weihnachtself* oder Mick in *Crocodile Dundee*, die der erste Aufenthalt in der Stadt sehr verwirrt.

Aufgewachsenen in einem kleinen Dorf unter einem endlosen Himmel war ich nicht auf das städtische Leben vorbereitet– ein Neuling, der zusammenzuckte, wenn eine U-Bahn ratternd und klappernd in die Station einfuhr, und zögerte, wenn sich die Türen öffneten, aus Angst, zwischen den zischenden Türen eingeklemmt zu werden. Es passierte mir auch oft, dass ich in eine U-Bahn einstieg, die in die falsche Richtung fuhr, und inmitten eines verlassen aussehenden Industriegebiets wieder ausstieg.

Fünfzehn Jahre später bin ich aber Londonerin und lebe gerne in der Stadt. Diese Jahre haben mich gelehrt, dass Leben in der Stadt nicht bedeutet, sich kein spirituelles, bereicherndes Leben aufbauen zu können. Für mich besteht eine glückliche, achtsame Existenz darin, seine Sinne zu nutzen, wenn man sich mit seiner Umwelt auseinandersetzt, Pflanzen zu ziehen, die Jahreszeiten zu erleben, den Anblick des Mondes zu genießen, genügsam zu sein und bewusst zu leben. So verbringe ich mein Leben.

Dieses achtsame Leben entstand durch das Kennenlernen der Stadt, durch das Eintauchen in die diversen Schichten, begleitet von Lärm, Smog und der Menschenmenge. Ich zog damals in die Stadt, um zu arbeiten, aber ich hätte nie gedacht, dass ich durch sie lernen würde, langsam zu leben. Die meisten Menschen glauben, dass die Stadt zu laut ist, um Ruhe zu schenken, zu gestresst, um sich auf Momente, andere Menschen und sich selbst einzulassen.

Ich hoffe, dass dieses Buch zeigen kann, wie bereichernd es sein kann, in der Stadt zu leben – eine Umgebung die uns lehrt, mehr zu sehen, mehr zu hören, mehr zu fühlen. Viele Menschen warten nur darauf, die winzige Wohnung eines Tages gegen ein

Haus am Meer einzutauschen, doch vergessen dabei, so wichtig das für die Seele auch sein kann, dass wir die Gemeinschaft mit anderen Menschen genauso brauchen. Ich weiß das, weil ich es versucht habe.

Als mein Mann und ich ein Kind bekamen, überlegten wir ob es nicht besser sei, aufs Land zu ziehen. Ich verglich die Stadt immer mit einem wundervollen, aber unzuverlässigen Partner: charmant, lustig, aufregend, aber nichts für die Ehe. Und am Beginn dieses neuen Lebensabschnittes zogen wir in ein großes Haus am Meer. Man könnte sagen, wir lebten den Traum. Aber ich fühlte mich verloren. Ich vermisste es, Teil dieser besonderen Gemeinschaft zu sein.

Bereichernd, erfindungsreich, sich immer weiterentwickelnd und unglaublich gesellig kreiert die Stadt eine inspirierende Energie, die einen immer antreibt. Sie verband mich mit der Welt. Als wir wieder in die Stadt gezogen waren, erfuhr ich wieder, wie wichtig die Gemeinschaft für das Wohlbefinden sein kann.

Die Stadt ist, wo ich hingehöre. Und wenn es einem Mädchen vom Land so geht, wieso dann nicht auch allen anderen?

Teil der
achtsamen Stadt

Ich wurde einmal gebeten, einen Artikel darüber zu schreiben, warum ich mich für das Leben in der Stadt entschieden habe, wenn ich doch die Natur so liebe. Ich wusste zu diesem Zeitpunkt schon, dass das Landleben nichts für mich war, aber ich sah zwischen diesen beiden Aspekten auch keinen Konflikt.

Ich hatte nie das Gefühl, mein Bedürfnis nach Wildnis in der Stadt nicht ausleben zu können. Tatsächlich habe ich erst durch das Leben in der Stadt gelernt, wie faszinierend es ist, Natur und Stadt Seite an Seite zu sehen. Einen Garten unter einer Überführung aufblühen zu sehen oder ein Raubvogelnest in einer Hochhausnische zu sehen, zeigt mir, dass die Wildnis und die Stadt einander nicht ausschließen.

Das Denken, dass die Natur nicht in die Stadt gehört, dass wir sie nur in bestimmten Gebieten erhalten müssen, wird immer obsoleter. Die erfolgreiche Stadt von morgen wird jene sein, die versteht, dass Bäume uns Schatten spenden und die Luft sauber halten, die uns Ökosysteme ermöglicht, in denen wir unser Essen in Gärten anpflanzen können, die uns saubere Grünflächen ermöglicht. Sie wird eine Stadt sein, die öffentliche Gärten als unschätzbar wertvolle „Lungen der Stadt" sieht, und eine, die es ihren Bewohnen erlaubt, den Rhythmus der Natur zu erleben.

Jetzt, wo mehr als die Hälfte der Weltbevölkerung in Städten lebt, werden Städte die Front im Kampf gegen die Umweltverschmutzung sein. Nur eine achtsame Stadt wird es schaffen, zusammen neue Wege zu finden, wie wir den Klimawandel aufhalten können, wie wir „grünen" Transport ermöglichen können, CO_2-neutrale Gebäude errichten können und wie wir saubere Energie gewinnen können.

ZUSAMMENTREFFEN ZWEIER WELTEN

Viele Städte haben Möglichkeiten, gesündere, glücklichere Orte zu schaffen. Städte können das Zuhause seltener Tierarten sein; die Stadt, in der ich lebe, ist das Zuhause von Fledermäusen, Schmetterlingen, Spinnen und Pflanzen. Ich wache mit einem Konzert von Singvögeln auf und kann Bächlein finden, die so rein sind, dass sie in der Sonne glitzern.

Und ich kann hier in der Stadt ein nachhaltigeres Leben führen, als ich es am Land konnte; städtische Dichte bedeutet auch, dass ich kein Auto brauche, um irgendwohin oder eigentlich überallhin zu kommen, und Recycling ist ganz einfach. Umweltforscher haben herausgefunden, dass die Konzentration von Bevölkerung und der Gebrauch von öffentlichen Verkehrsmitteln natürliche Lebensräume weniger beeinflussen und dass die Wohnungen, in denen wir leben, energieeffizienter sind, als einzelne Häuser. Das bedeutet, dass wir mehr Möglichkeiten haben, Lösungen für ein nachhaltigeres Leben und damit eine Zukunft für unsere Spezies zu finden.

Die Stadt fasst die Spannungen zwischen Technischem, von Menschen Geschaffenem und der Natur an einem

Ort zusammen. Es ist ein Kampf, der allzu oft vom Menschen gewonnen wurde und wird. Und jetzt wird uns bewusst, welche Konsequenzen das hat. Im urbanen Gebiet besteht ein hoher Druck, viele Menschen bestmöglich unterzubringen und zu versorgen. Wenn wir diese Aufgabe lösen, bessere Alternativen zu finden, dann gibt es Hoffnung, dass Natur und Mensch eines Tages zueinander finden.

ADOPTIERE EINEN BAUM

Einen Quadratmeter in der Stadt mit ein bisschen Menschlichkeit zu erfüllen ist eine gewaltige Geste, die für eine Nachbarschaft sowohl erfüllend als auch nützlich sein kann. Einen Baum auf der Straße zu adoptieren ist beispielsweise eine Möglichkeit. Adoptiere einen frisch gepflanzten Setzling, der in der Nähe deiner Wohnung oder deines Arbeitsplatzes gesetzt wurde. Wässere ihn hin und wieder. Binde ihn von den Pfosten, an denen er entlangwachsen soll, los, damit er besser wachsen kann. Er wird das Wohlbefinden deiner Stadt verbessern.

Wenn der Setzling wächst und sich das dünne Geäst in einen stattlichen Baum verwandelt, der sich unter diesen harschen, schwierigen Bedingungen selbst durchsetzen kann, stell dir die vielen Stadtbewohner vor, die an einem heißen Sommertag eine Ruhepause im Schatten des grünen Sonnendaches machen können, und genieße die Möglichkeit, die frische Luft, die dir dieser Baum schenkt, zu atmen.

Achtsamkeit in all dem Tumult und all den Problemen einer Stadt finden zu können, erscheint im ersten Moment vielleicht schwierig. Es kann auch schwer sein, wenn die tägliche Verantwortung belastend ist und wir unter der städtischen Umweltverschmutzung leiden. Aber die Freude an achtsamen Gesten ist der Optimismus, den wir brauchen. Sogar in ganz kleinen Gesten finden wir Hoffnung, dass die Stadt nicht nur ein erdrückender Dschungel voller Menschen ist. Die Stadt kann ein Ort sein, und ist es manchmal auch schon, an dem die Menschheit aufblüht.

Atme mit den
Bäumen

Durch jahrelanges Leben in der Stadt habe ich gelernt, Bäume wertzuschätzen. In der ländlichen Gegend meiner Kindheit gab es viele, vielleicht sogar mehr Bäume als Menschen. Nicht, dass ich sie damals nicht auch schon geliebt hätte – sie haben zugesehen, wie das Kind, das zwischen ihren Stämmen Fangen spielte, zu einer Jugendlichen, die unter ihren Kronen plauderte und trank, heranwuchs.

Als ich in meinen 20ern in die Stadt kam, vermisste ich nicht nur die saubere Luft und den vielen Platz, den ich immer hatte, ich vermisste vor allem die Bäume. Und ich fand sie nicht nur als stattliche Parkbewohner, sondern auch die Straßen säumend. Sogar als ich zufällig an einem Baum vorbeikam, der gegen den Gartenzaun, der ihn einsperrte, rebellierte, nahm ich mir die

Zeit, seinen Duft einzuatmen, sein Alter zu schätzen, die Muster, die seine Krone in den Himmel malte, zu betrachten.

Und auch jetzt, so sehr ich auch in dieser Stadt verwurzelt bin, liebe ich es, mich an einen alten Baum zu lehnen. Alte Bäume fühlen sich immer so warm an, wie ein liebevoller Großvater, und sind interessanterweise unglaublich gemütlich, trotz ihrer rauen Rinde. Neben so einem Baum zu stehen und an die Generationen zu denken, die dieser Baum schon miterlebt hat und noch miterleben wird, gibt mir immer eine andere Perspektive und zeigt mir, wie kurz unser Leben eigentlich ist im Vergleich zu diesen gigantischen Wesen – sogar an schlechten Tagen.

TIEF DURCHATMEN

Über die Jahre habe ich eine Vorliebe für ganz bestimmte Bäume in meiner Stadt entwickelt, zu denen ich immer wieder zurückkehre: eine Trauerweide an einem Fluss, deren Äste bis ins Wasser reichen; ein besonders hartnäckiger Maulbeerbaum in einem Park südöstlich der Stadt, dessen süße Früchte einen für den Weg zu ihm belohnen; ein Tulpenbaum im botanischen

Garten, der die kühle Brise unter seinen riesigen Blättern einfängt und mit ihr tanzt.

Irgendwie kann ich in der Nähe von Bäumen viel tiefer durchatmen, als ich das irgendwo sonst kann. Es ist, als würde meine Körper instinktiv auf den ganzen Sauerstoff, den sie produzieren, reagieren. Ich weiß, dass ich unterbewusst weniger tief einatme, wenn ich in der Stadt unterwegs bin, weil die Luft dort verschmutzter ist. Aber wenn ich einen Baum sehe, einen dieser großen Meister der Luftverwertung, fühle ich mich sicherer.

Tief einzuatmen ist irgendwie aufbauend und mindestens genauso erfrischend, wie im Ozean zu schwimmen. Aber weil wir automatisch atmen, ist es umso wichtiger, sich Zeit zu nehmen, sich aktiv daran zu erinnern und das Einatmen zu genießen. Sozusagen Erholung im Ein- und Ausatmen zu finden. Die flache Brustatmung, die wir uns durch Meetings, das Sitzen am Computer und im Warten auf den verspäteten Zug angewöhnt haben, hält uns am Leben. Aber tiefes, entspanntes Einatmen in den Bauch ist gesund und erfüllt unseren Körper und unseren Geist.

EINE ERHOLSAME MINUTE

Wir könnten diese Übung die „erholsame Minute" nennen. Sie wäre das Gegenteil einer New-York-Minute – diese beschreibt die unglaubliche Verdichtung der Zeit im Big Apple. Jeder Stadtbewohner kann nachvollziehen, wie Minuten und Stunden einfach vorbeizischen und wie belastend das sein kann.

Die erholsame Minute erlaubt es uns, innezuhalten, besser zu atmen und den Kopf frei zu machen. In dieser Minute kannst du einen Schritt zur Seite gehen – egal ob nur gedanklich oder auch physisch – und dich selbst betrachten, fühlen, wie tief du atmest und spüren, ob dein Körper sich verkrampft.

Diese Übung kannst du zu Hause, während der Mittagspause auf einer Parkbank oder sogar in einem leeren Raum im Museum machen. Natürlich ist sie umso wirkungsvoller, je frischer die Luft ist. Daher sind Parks oder Friedhöfe, wo es viel Grün gibt, ideal. Aber egal, wo du die Übung machst, der Effekt bleibt gleich: Wenn sechzig Sekunden vorbei sind, fühlst du dich ruhiger. Jetzt, wo ich von Zuhause aus arbeite, fällt es mir leichter, diese Übung zu machen, aber auch als ich in einem Großraumbüro gearbeitet habe, konnte ich mir die Zeit für diesen, wie ich fand, rebellischen Akt, nehmen.

Sobald du deine kleine Oase gefunden hast, entspannst du deine Schultern, setzt dich auf oder stellst dich aufrechter hin, streckst deine Wirbelsäule und entspannst den Kiefer. Atme tief ein und aus – atme dabei tief durch die Nase ein, so weit, bis sich dein Brustkorb leicht hebt, und langsam durch die Nase aus, bis sich der Brustkorb wieder in seiner Ausgangsposition befindet.

Diese Übung ermöglicht es uns, besser mit Stress umzugehen, vor allem, wenn wir uns durch Menschenmengen bewegen. Kontrolliere beim Gehen deine Atmung – vier bis fünf Schritte ein- und mindestens genauso lange ausatmen.

Nachdem diese Minute um ist, wirst du dich wahrscheinlich aufmerksamer und entspannter fühlen und die anderen Menschen werden dich weniger stressen. Du wirst vielleicht bemerkt haben, dass du während dieser Übung nur an die belebende Erfahrung gedacht hast, die du während dem tiefen Einatmen machst.

Ein neuer
Horizont

Ich habe einmal einen Mann getroffen, der Hochhäuser als Berge angesehen hat. Er bestieg sie, vom Erdgeschoss bis zum Dach, ein Gebäude nach dem anderen, und hat dabei Distanzen zurückgelegt, die andere beim Besteigen des Mount Everest zurücklegen. Neugier für seine Umgebung bedeutete diesem Mann viel; sie wurde geweckt durch genaues Beobachten der eigenen Umwelt.

Ich habe ihn nie gefragt, ob er eine Gruppe Vogelenthusiasten getroffen hat, die früh aufstehen und sich auf Londons höchstem Gebäude einfinden, um Vögel zu beobachten. Diese Gruppe findet sich nämlich zusammen, um Raubvögel fliegen zu sehen.

Das ganze Jahr hindurch werden diese Menschen mit wunderschönen Vogelsichtungen belohnt – Wanderfalken, Sperber, Bussarde, Kormorane und Silbermöwen fliegen über Brücken und Museen mit denselben überschwänglichen Gefühlen von Freiheit wie in ihren natürlichen Habitaten.

Vom Dach aus können ihre menschlichen Beobachter die Stadt in anderen Dimensionen sehen. Wir Stadtbewohner verbringen so viel Zeit damit, irgendwo hinzukommen, die Augen auf den Boden gerichtet, dass der Beton zu unserer Landkarte wird und die Gebäude um uns herum unseren Horizont beschränken – die Natur, die hinter ihnen liegt, können wir uns oft nicht einmal vorstellen.

WILDNIS ENTDECKEN

Die Wildnis kennt solche Grenzen nicht. Für einen Vogel ist ein Bürogebäude nichts weiter als eine weitere Felskuppe, ein Brutplatz, ein Aussichtspunkt für die Jagd; für einen Freigeist mit Rucksack haben Glas, Stahl und Beton das Potenzial, zu begeistern und Wanderlust zu erwecken. Wenn wir ein fließenderes Verständnis von Geografie annehmen, dann können auch wir die Gebäude als Berge wahrnehmen. Und wenn wir das tun, dann finden wir Wildnis in den unerwartetsten Momenten.

Stunden nachdem die Vogelenthusiasten ihren Abstieg hinter sich gebracht haben, füllt sich die Bar im zweiundvierzigsten Stockwerk mit dem Klang der Champagnergläser. Über Teichen aus weißen Tischdecken schnattern Banker und Manager über ihre Raubzüge, über ihr Territorium. Hier drinnen, so glauben sie, erobern sie die Welt. Draußen weht jedoch ein anderer Wind.

DER BLICK VON OBEN

Das Panorama einer Großstadt aus der Höhe zu betrachten relativiert unsere Ansicht, sie sei eine unnahbare Insel, unberührt von der Natur. Mit unseren Füßen auf dem Boden ist unsere Wahrnehmung beeinträchtigt; wir vergessen, dass die Stadt immer ein Ort in einem größeren Zusammenhang ist, nur ein Teil einer viel größeren Landkarte, eine Umgebung, die durch Jahrmillionen von geologischen Prozessen zu dem geformt wurde, was sie jetzt ist. Wir vergessen die Geschichte des Steins, der das Fundament unserer Wolkenkratzer ist.

Wenn ich hoch oben stehe und auf die Stadt herabblicke, bin ich oft überrascht, dass ich die Baumkronen eines Waldes oder Parks sehe, die mir immer so viel weiter entfernt vorkommen, wenn ich am Boden bin. Und es ist wunderschön, diese kleinen Flecken Natur zu sehen. Ströme und Rinnsale und Tröpfchen in den unterschiedlichsten Grüntönen – durch den Wind bewegen sie sich fast wie Wasser – blitzen aus Nischen und Furchen gebauter Strukturen hervor.

Such dir ein erhabenes Plätzchen, ganz oben auf einem hohen Haus, und du wirst sehen, dass die Stadt nicht länger durch architektonische Kanten und den Rausch der Weiterentwicklung definiert ist. Sie wird zu einem Städtchen, das durch den Himmel begrenzt, fast zurückgeschlagen wird. Dort oben fangen wir die letzten Sonnenstrahlen ein – nicht nur als blendende Reflexion in verglasten Gebäuden, sondern als fast wässrige Flut von Licht, als Durcheinander von

Farben in den Wolken, als leuchtende Präsenz, die sogar die Konturen von weit entfernten Gebäuden und Bergen greifbar machen.

DAS GERÄUSCH DER STILLE

Und dann ist da das Geräusch des Windes: ein Flüstern, ein Pfeifen, ein Heulen, das einem in die Ohren dringt. Es ist wie der Wind in den Bergen, der alle anderen Geräusche überwindet – Autos, Kirchenglocken, das Getümmel der Einkaufsstraßen –, und es gibt dir das Gefühl, ganz allein zu sein. Ein Geräusch der Stille, die uns weit weg in die Wildnis des Moments trägt.

In diesem Moment können wir darüber nachdenken, dass diese Stille dieselbe ist, die schon über die Eisdecken gewandert ist, aus denen die Tundra entstanden ist, die nun meinen Lebensraum formt. Es ist dasselbe Geräusch, das schon der Abenteurer gehört hat, wenn er auf seiner Anhöhe gestanden ist, immer noch verbunden mit dem Ort, von dem er aufgebrochen ist, aber mit seinem Blick in einer ganz fernen Welt.

Schau auf die
Bewegung der Vögel

Hoch oben, über den Dächern, Bahngleise entlang, über Lichtungen und die Kronen der Bäume fliegen die Vögel. Ihre Choreografie ist langsamer, eleganter als die von uns Menschen unter ihnen. Wir können sie beobachten, sehen, wie sie immer höher fliegen, wie eine Achterbahn, und sich dann im Sturzflug hinabwerfen oder einfach im Himmel gleiten. In die Wolken fliehend, in weitläufigen Schwüngen, alleine oder in Paaren – die Vögel der Stadt bewegen sich elegant, sie sind eins mit dem Himmel.

Sieh zu, wie sie sich im Atem der Welt bewegen, wie sie durch starke Winde manövrieren, wie sie sich die Elemente zunutze machen. Stare bewegen sich hauptsächlich nachts, wenn die Luft ruhig und kühl ist. Raubvögel nutzen den

Aufwind, der zwischen Hochhäusern entsteht, um sich noch höher in die Lüfte zu begeben. Reihen von Gänsen bewegen ihre Flügel ganz präzise, sodass sie die Gesetze der Aerodynamik voll und ganz ausnutzen können.

VOLLKOMMENE HINGABE

Ich ging gerade durch eine schwere Zeit in meinem Leben, als ich eines Tages die Augen öffnete und von der Schönheit und Eleganz der Vögel, den Formen, die sie in den Himmel zeichnen, überwältigt und beruhigt war. Es war Sommer, ein heißer Samstag. Glühend vor Wut war ich aus dem Haus gelaufen, um mich in den öffentlichen Gärten ins Gras zu werfen. Handy aus, Kopfhörer in die Ohren – ich hatte vor, an diesem Abend in Selbstmitleid zu versinken.

Über mir wogen die Blätter einer Eiche im Wind; das Gras war so hoch, dass sich Liebespärchen darin verstecken konnten. In einem wolkenlosen Himmel zogen Vögel ihre Kreise, manche von ihnen flitzten von Baum zu Baum. Ich entdeckte einen Vogel, der ganz alleine flog, und folgte mit den Augen seinen Wellenbewegungen. Ich passte meine Atmung dieser

Stimmung an, diesen Wellenbewegungen. Ich erinnere mich noch genau an das Gefühl, als das Gras meine Waden kitzelte. Ich spürte, wie mein Kopf immer schwerer in meinen Händen wog, spürte, dass mein Körper Teil dieses Moments war: als ganz unwichtiger Teil dieser Erde. Nur Moleküle, die in einem Garten herumliegen – im Großen und Ganzen nicht mehr als ein Sandkorn.

SCHAUSPIEL DES LICHTS

Den Vögeln beim Fliegen zuzusehen kann ernüchternd sein. Man erkennt, dass sich diese unglaublich leichten Bewegungen unvorstellbar lange entwickelt haben – seit *Archaeopteryx*, das früheste bekannte gefiederte Tier, mit seinem nur vogelähnlichen Körper über diese Erde geflogen ist, sind Millionen an Jahre vergangen. Hier im Gras zu liegen und in der ersten Reihe dieses Flugschauspiels zu sitzen, sehen zu können, was die Natur alles leisten kann, war ein Privileg für mich.

Und während ich den Vögeln so zusah, überlegte ich, was sie sehen, wenn sie hinunterschauen und ob unsere Welt ihnen genauso graziös vorkommt. Dann dachte ich daran, dass sie vermutlich viel zu viele von uns viel zu schnell über den Beton laufen sahen. Hin und wieder die Augen in den Himmel zu richten, kann uns daran erinnern, dass wir uns eleganter bewegen könnten. Wir nehmen oft angespannte Körperhaltungen ein, wenn wir in einer Schlange oder auf den Bus warten. Wir laufen Zügen nach, obwohl es dafür keinen wirklichen Grund gibt. Wir hasten zu einer gemütlichen Verabredung zum Brunch. Und unsere Gedanken reagieren auf diesen Stress und wollen immer schon dort sein, wo sie noch nicht hingehören. In diesem Zustand sind unsere Sorgen der Treibstoff unserer Hast – wenn wir dann entspannen wollen, treiben uns unsere Köpfe trotzdem weiter an.

Dabei kann Gehen so eine angenehme Aktivität sein, eine Fähigkeit, die wir auch erst über Millionen an Jahren entwickelt haben. In dieser langen Zeitspanne perfektionierten unsere Vorfahren die Bewegung, einen Fuß vor den anderen zu setzen.

GLEITE EINFACH

Den Vögeln so beim Fliegen zuzusehen erinnerte mich daran, dass wir ebenso diese Ruhe brauchen. Füße sind hochsensible

Werkzeuge, die den Stress, dem wir uns aussetzen, kommunizieren. Die Natur hat unsere Füße mit hunderttausenden Nervenenden ausgestattet, die mit einem komplexen neuromechanischen System verbunden sind, das uns sagt, wie viel Druck wir auf unseren Gelenken haben. Wie ein eingebauter Therapeut alarmieren uns unsere Füße, wenn wir es langsamer angehen müssen.

Damit wir diesen Alarm auch hören, müssen wir aktiv darauf achten, wie wir unsere Füße auf dem Boden platzieren. Wie fühlen sich der Fußballen und die Ferse an, wenn sie auf den Boden treffen? Und wie kannst du diese Bewegungen besser mit deinen Bedürfnissen abstimmen?

Das Leben in der Stadt erfordert oft Tempo – aber nicht in jeder Sekunde. Deine Füße sagen dir schon, wenn du dich beeilen musst. Und das wird nicht so oft sein, wie du vielleicht denkst. Es gibt so viele Gelegenheiten, dich so elegant zu bewegen wie die Vögel. Auch sie haben manchmal Gründe, sich zu beeilen, aber meistens können sie ohne Grund umhergleiten.

Die Kunst des
Hinsehens

Ich mochte immer alternative Landkarten. Diese Art, die du in einem Café findest oder an der Wand im Heim eines besonders modischen Freundes. Auf diesen Karten findest du nur die Orte, an denen bestimmte Geschäfte oder Attraktionen sind – kleine Buchgeschäfte, Second-Hand-Geschäfte, sich windende Flüsse oder Orte, die eine Geschichte erzählen, oft größer dargestellt, als sie eigentlich sind, damit man sie auf der Karte besser findet.

Unter meinen Lieblingen ist eine handgezeichnete literarische Karte von London, die die Namen von Romanfiguren an den Orten verzeichnet, wo sie sich aufhalten würden. Es gibt auch eine U-Bahn-Karte, die ein wenig abstrakter ist als die, die in den Stationen hängt – die Linien sind nicht gerade, sondern verschlungen und durcheinander.

Diese Karten erinnern mich daran, dass die Geografie einer Stadt auch persönlich sein kann, nicht nur wie auf den standardisierten Karten. Das sind die Karten, die wir in unseren Köpfen anfertigen, wenn wir unsere Umgebung erkunden, und die vor allem Orte verzeichnen, die wir lieben. Diese Erinnerungen sind wichtig, weil sie die Orte für uns zum Leben erwecken.

Wenn wir uns diese Karte zeichnen, können wir die Orte, die uns umgeben, ganz anders wahrnehmen – wir entwickeln ein Gefühl von Zugehörigkeit, weil unsere Umgebung uns vertraut und einzigartig wird. Dadurch wird eine Großstadt für uns bildhaft und wir können uns besser orientieren in dem überwältigenden, fremden Gemenge.

Aber wir können auch die Chancen verpassen, die es uns ermöglichen, ein Gefühl von Heimat zu bilden, eine visuelle Repräsentation unserer Umgebung, wenn wir unsere Zugfahrten damit verschwenden, auf Bildschirme zu schauen, und uns unterwegs nur an dem blauen Punkt orientieren, der uns auf dem Handy den richtigen Weg zeigt. Wenn wir das tun, dann nehmen wir der Stadt die Möglichkeit, mit uns zu sprechen, und wir hindern uns selbst daran, einem Ort in die Augen zu sehen.

DIE KUNST DES HINSEHENS MEISTERN

Das einzig Schwere an der Kunst des Hinsehens ist, dass wir uns aktiv daran erinnern müssen, es zu tun. Die Freiheit, zu Fuß, mit dem Fahrrad oder mit dem Bus fahren zu können, wenn wir uns durch die Stadt bewegen, ermöglicht uns das jedoch.

Öffentliche Verkehrsmittel geben uns die Möglichkeit, genau hinzusehen – etwas, das ich am Land vermisst habe, wo ein eigenes Auto genauso essenziell ist wie ein Paar Gummistiefel. Als ich am Land lebte, stellte sich die Frage gar nicht, ob man das Auto nehmen sollte, um zum Arzt, zum Supermarkt oder zur Post zu fahren – wenn ich nicht drei Tage für den Weg dorthin Zeit gehabt hätte, wäre das gar nicht gegangen. Als einziger Fahrer in der Familie war ich immer hinter dem Steuer, auf die Straße vor mir fixiert, weil ich auf die schmalen Straßen achten musste – die wunderschöne Landschaft zog unbemerkt an mir vorüber.

Und während meine Augen so auf die Straße fixiert waren, dachte ich daran, wie frei sie wären, wenn ich mich transportieren ließe. Öffentlicher Verkehr ist nicht immer entspannend, das gebe ich zu, aber als ich wieder in die Stadt zurückkehrte, genoss ich ihn sehr. Früher habe ich meine Zugfahrten genutzt, um auf Nachrichten zu antworten, aber jetzt sehe ich nur noch aus dem Fenster und absorbiere all die Farben und Konturen der Stadt und all das Leben, das sich in ihr tummelt. Ich genieße die städtische Landschaft.

Da ich die meiste Zeit alleine arbeite, gefällt es mir besonders, an den Bürogebäuden vorbeizufahren. Sie haben riesige Fenster, durch die ich klug aussehende Leute bei der Arbeit beobachten kann, umgeben von Papierstapeln und Kaffeetassen. Und dann gibt es da diese Wohnhäuser – manche luxuriös, andere geradezu brutale Bauten aus den 1960ern. Sie alle haben so niedliche Balkone übereinandergestapelt. Ich liebe es, wenn ich sehe, wie unterschiedlich sie gestaltet sind mit riesigen Pflanzen, kleinen Tischchen oder Wäscheleinen, die die Kleidung im Wind flattern lassen.

DIE KARTE EINFÄRBEN

Gehen ermöglicht es uns, den Boden unter uns zu spüren. Unsere Füße bemerken die Unebenheiten, bemerken, wenn eine Straße bergauf oder bergab führt. Wenn wir denselben Weg immer wieder gehen, dann wird er uns immer vertrauter – es ist wie das Wissen darüber, welche Stufe beim Hinaufgehen knackst.

Aber Vertrautheit ist nicht der einzige Vorteil. Gehen erlaubt es uns außerdem, auf ein Navigationssystem verzichten zu können. Wir färben unsere Landkarte ein, wenn wir in einer Stadt gehen, wo Konsum, Geschichte und Schönheit beieinander sind wie Grashalme. Wir merken uns Straßennamen, wenn wir besondere Häuser sehen oder ein Fluss an ihnen entlangläuft. Wir machen uns ständig Notizen, die uns helfen, uns besser zurechtzufinden, uns mehr zu Hause zu fühlen und zu sehen, dass die Stadt eine ganz eigene Ordnung hat, die uns immer wieder mit Neuem überrascht.

Sei
optimistisch

Eine Freundin sagte mir einmal, dass sie Optimismus als Geschenk empfindet. Es ist oft viel einfacher, das Schlechte im Leben zu sehen als das Positive. Emotionale Widerstandsfähigkeit gibt uns die Stärke, optimistisch zu sein. Das Positive zu sehen kann eine der wichtigsten Fähigkeiten sein, die wir lernen. Und angesichts der Probleme der Städte ist das umso wichtiger.

Am Wochenende scheint die Stadt optimistischer zu sein. Wir treffen Freunde, erkunden einen neuen Bezirk und besuchen wie Touristen Attraktionen, wenn wir nicht arbeiten müssen. Aber von Montag bis Freitag wirkt die Stadt oft wie ein Biest, das das Schlimmste im Menschen hervorbringt.

Allzu oft liegt das am täglichen Kampf des Pendelns. Wir kämpfen mit Tausenden von Menschen, um pünktlich ins Büro zu kommen, weil wir die meisten von ihnen als rücksichtslos und unbedacht empfinden. Da fühlt es sich so an, als wären die meisten Menschen so mit ihren eigenen Gedanken beschäftigt, dass keine Zeit für Höflichkeit bleibt.

Das ist nicht nur frustrierend, sondern gibt uns auch das Gefühl, die Stadt sei ein Ort, an dem mentale Ruhe und Ausgeglichenheit unmöglich sind. Und wenn wir so oft Rücksichtslosigkeit erfahren, sind wir auch selbst weniger rücksichtsvoll und nachsichtig.

MEHR EMPATHIE

Umso wichtiger ist es, dass wir diesen Momenten nicht zu viel Beachtung schenken. Das ständige Gefühl, dass die gesichtslose, aggressive und überbevölkerte Stadt uns egoistisch macht, ist nicht nur eine verdrehte Sicht auf die Stadt und ihre Menschen, sondern auch schlecht für unsere Stresslevels.

Mehr Empathie zu zeigen ist leichter, wenn wir angesichts der unglaublich irritierenden Unhöflichkeit und des tobenden Verkehrs an unsere eigenen Erfahrungen denken. Ich glaube, die wenigsten von uns werden sagen, dass uns die Stadt blind für andere gemacht hat. Niemand glaubt von sich, dass die Stadt einen ungeduldig oder egoistisch gemacht hat, aber wir denken das ständig von anderen.

Wenn wir in Eile sind, dann kennen wir den Grund für unser Verhalten: „Ich habe die Person nicht gesehen, die sich gerade hier hin setzen wollte." Oder: „Wenn ich nicht in diesen Zug hineinkomme, verpasse ich ganz sicher das Meeting um 9 Uhr." Wir sollten versuchen, uns daran zu erinnern, dass das Pendeln für uns alle stressig ist; das Verhalten der anderen macht sie nicht zu dem, was sie sind, genauso wenig, wie es uns zu dem macht, was wir sind.

AUCH DAS GEHT VORBEI...

Wir müssen uns immer daran erinnern, dass diese

Momente vorbeigehen. Anstatt weiter an die unangenehmen Momente beim Pendeln zu denken, sollten wir sie nicht bestimmen lassen, wie wir uns fühlen. Wir können uns durch ein Grundprinzip der Achtsamkeit selbst beibringen, wie wir, ohne negative Gefühle in uns zu tragen, die Stadt unabhängig solcher Emotionen erfahren können: durch die Vergänglichkeit.

Der Grundgedanke der Vergänglichkeit ist, dass das ganze Leben vergänglich ist. Nichts dauert ewig – egal ob Freude, Trauer, Glück oder Schmerz, es geht vorbei. Die Stadt ist keine Ausnahme von dieser Vergänglichkeit – alles, was man in ihr sehen, hören und fühlen kann, verändert sich. Und diese Veränderung aller Momente und Wahrnehmungen ist auch eine realistischere Interpretation dessen, wie eine Stadt funktioniert.

Man muss nur an die Tische in einem gut besuchten Café denken, um zu sehen, dass das Leben in der Stadt ein sich immer verändernder Fluss von Erfahrungen ist – Menschen kommen und gehen, treffen sich mit Freunden oder reden über das Geschäftliche, lesen die

Zeitung oder betrachten, wie die Welt an ihnen vorbeizieht. Oder sieh dir an, wie eine Menschenmenge sich durch eine U-Bahn-Station bewegt wie eine Tierherde, sodass man nur hin und wieder jemandem in die Augen sehen kann, bevor er wieder in der Menge verschwindet.

Oder vielleicht erinnerst du dich an eine Gruppe alter Männer, die sich im Park treffen, um Schach zu spielen, Kinder, die im Teich eines öffentlichen Gartens rudern, die Ruhe derer, die am Rand eines Flusses in einem Buchgeschäft stöbern – diese Momente, die du erlebt hast, als du Zeit und Ruhe hattest, dein Wochenende zu genießen. An diese Augenblicke und Erinnerungen solltest du eher denken, denn so können wir negative Erfahrungen besser beiseiteschieben und sehen, wie schön die Stadt ist.

Vielleicht drängelt sich jemand vor oder braucht am Ticketautomaten zu lange – aber genauso schnell verändert sich die Situation in eine, in der du Schönheit und Genuss erfährst.

Akzeptiere das
Chaos

Eine Zeit lang lebte ich unter einer ziemlich hektischen Flugbahn. Die Flugzeuge flogen so tief an unserem Dach vorbei, dass man die Aufschrift auf ihnen lesen konnte. Während des Sommers, wenn die meisten auf Urlaub flogen, wachte ich oft um 4 Uhr morgens auf, weil ein Flugzeug auf den naheliegenden Flughafen zusteuerte. Als an Schlaf nicht mehr zu denken war, zählte ich die ruhigen Sekunden – meistens waren es etwa 14 Sekunden.

Dieser nächtliche Lärm störte meine bessere Hälfte nicht. Er wurde nie vom Fluglärm aus dem Schlaf gerissen. Aber unsere süße kleine Wohnung hatte auch andere Probleme. Das viktorianische Parkett war mittlerweile so dünn, dass wir den Junggesellen unter uns hören konnten – das Klirren des Bestecks auf den Tellern, den Schleudergang seiner Waschmaschine, seinen niemals enden wollenden Raucherhusten, sein Sexualleben, alles. Und er konnte uns hören – sogar, wie ich zu meinem Erschrecken feststellen musste, unsere Badezimmeraktivitäten.

Es war für uns alle unangenehm. Immer, wenn ich ihm auf der Straße begegnete, entschuldigte ich mich für unsere Existenz und obwohl wir alles taten, um möglichst leise zu sein, beschwerte er sich oft beim Vermieter. Aber das Leben macht nun mal Lärm, und obwohl wir nur mehr durch die Wohnung schlichen, konnten wir nichts daran ändern. Aber so sind Städte nun mal. Stadtbewohner leben wie Füllungen in Sandwiches – es ist immer jemand unter, über und neben dir.

KULTIVIERE POSITIVE VERBUNDENHEIT

Dieser extreme Lärm, manche nennen es Lärmverschmutzung, kann schlecht für die Gesundheit sein.

Menschen erleben Stress aktiv. Unser Blutdruck und unser Puls steigen, Nervosität ist, neben anderen Faktoren, ein belastender Nebeneffekt. Es gibt Menschen, wie auch meinen Mann, denen der Soundtrack der Stadt wenig ausmacht, die ihn sogar angenehm und beruhigend finden. Sie nehmen das ständige Gespräch der Großstadt, die Sirenen, den Verkehr, das permanente Gerede anders wahr. Für diese Menschen repräsentiert der Lärm das Potenzial der Stadt, die vielen Geschichten, die sie erzählt, die unendlichen Möglichkeiten.

Eine positive Verbundenheit mit diesem Chaos zu entwickeln, kann inspirierend sein. Lärm repräsentiert die faszinierende Energie der Stadt; all die Menschlichkeit, all die Möglichkeiten. Egal ob im Bus, in einem Café oder auf der Straße – Gesprächsfetzen geben uns kleine Einblicke in das Leben anderer und sind Telegramme unterschiedlichster Biografien.

Es ist etwas Beständiges darin, immer eine Stimme nach der anderen zu hören. Es kann dir dabei helfen, dein eigenes Leben nicht zu wichtig zu nehmen und dir die Last von den Schultern zu nehmen. Und positive Verbundenheit kann uns auch dabei helfen, besser mit scheinbar irritierendem Lärm unserer Nachbarn, dem Pärchen über uns, das immer streitet, oder den bellenden Hund zurecht zu kommen.

DAS IST NICHTS PERSÖNLICHES...

Das Geheimnis ist, nicht anzunehmen, dass der Lärm dich persönlich stören will. Lärm persönlich zu nehmen bedeutet oft, sich in einem Gedankenrad zu drehen, durch das wir uns immer mehr über unsere Nachbarn ärgern, weil es so wirkt, als seien sie rücksichtslos. Das führt zu Frustration und dem negativen Gefühl, dass man dazu gezwungen ist, so nahe an anderen zu leben anstatt in einem Haus am Meer.

Wenn wir akzeptieren, dass Geräusche inhärent zu einer Stadt gehören, entstehen diese Gedankenräder nicht, sondern wir übernehmen aktiv die Kontrolle über unser Denken und lernen, produktivere und nachsichtigere Gedanken zu entwickeln. Vielleicht bedeutet das, dass wir anfangen zu hoffen, dass das Pärchen Kompromisse findet und sich nur deshalb nicht entschuldigt, weil es ihnen peinlich ist, andere mit ihren Problemen zu stören. Wenn wir ein Bewusstsein dafür entwickeln, wie wir unsere Gedanken steuern können und wie wir damit unsere Gefühle beeinflussen, entwickeln wir auch ein unglaublich mächtiges Werkzeug, das es uns ermöglicht, uns von Lärm und Chaos zu distanzieren.

Die Freude
eines bescheidenen Lebens

Es gibt ein Kinderbuch von Leo Lionni, es heißt *Das größte Haus der Welt*, mit dem sich Stadtbewohner sicherlich identifizieren können. Es erzählt die Geschichte einer kleinen Schnecke, die sich das größte Haus wünscht, das die Welt jemals gesehen hat. Aber als der Vater von diesem Wunsch hört, erzählt er der kleinen Schnecke von dem tragischen Schicksal einer anderen Schnecke, die denselben Traum hatte.

Diese Schnecke gab alles, um sich das größte Haus der Welt wachsen zu lassen. Das gigantische Haus wurde von allen bewundert, aber es war so schwer, dass sich die Schnecke nicht mehr bewegen konnte. Und so war es ihr nicht mehr möglich, Essen zu suchen, und alles was von ihr blieb, war das gigantische, verlassene Haus. „Manche Dinge sind besser, je kleiner sie sind", warnte der Vater dann, „Wenn du dein Haus klein hältst, wirst du umso flinker sein."

Wenn du in einer Stadt lebst, dann hattest du diesen Traum vermutlich auch schon einmal. All die Dinge, die wir besitzen, in unseren kleinen Wohnungen unterzubringen, ist schwer, und es scheint, dass das monatliche Gehalt immer weniger Platz ermöglicht. Als ich das letzte Mal eine Wohnung suchte, sah ich eine Küche, die so klein war, dass der Kühlschrank im Wohnzimmer stand, und eine Wohnung mit so wenig Platz, dass die Mieter ihre Fahrräder über der Badewanne aufhängen mussten.

Wir fühlen uns manchmal, als seien wir Hühner in einer Legebatterie. Wir entwickeln ein ständiges Verlangen nach mehr Platz, das entweder dazu führt, dass wir uns überarbeiten, um uns größere Wohnungen finanzieren zu können, oder dazu, dass wir so weit an den Rand der Stadt ziehen, dass wir von all dem Leben in ihr gar nichts mehr mitbekommen. Und ohne die Aussicht, jemals einen

Garten zu haben oder ein eigenes Esszimmer, beginnen wir uns zu fragen, ob wir in der Stadt bleiben sollen.

Das ist nicht gut für ein gesundes Gefühl der Zugehörigkeit. Wenn wir mit jeder Wohnungssuche wieder darauf hoffen, ein Zuhause zu finden, hindern wir uns selbst daran, uns eines zu schaffen. Wir können zwar nichts gegen den Wohnungsmarkt machen, aber wir können mit unseren Gefühlen arbeiten.

DIE FREIHEIT, ZU WANDERN

Der Vater der jungen Schnecke wusste, dass nicht alles, was wir uns wünschen, klug ist, und dass es uns nicht glücklich macht, Idealen hinterherzujagen. Ein kleines Zuhause birgt Abenteuer. Unser Zuhause sind nicht unsere vier Wände, sondern die Freiheit, zu wandern. Wochenenden sind nicht dazu da, das Badezimmer neu zu verfliesen, sondern um die Stadt zu erkunden und sich auf die vielfältigen Erfahrungen, die die Stadt zu bieten hat, einzulassen. Die Theater, Kinos und Bücherein sind eine Erweiterung unseres Wohnzimmers, Parks sind unsere Gärten und die vielen Restaurants, die internationale Küche anbieten, sind unser Fenster in die weite Welt.

Kleine Wohnungen fordern wenig Verantwortung. Wir müssen weniger Wände ausmalen, weniger Regale abstauben, auf weniger Besitz achten. Wenn wir uns nicht sicher sind, wie lange wir an einem Ort bleiben, dann häufen wir weniger Besitz an – es bringt nichts, viele neue Möbel zu kaufen, die wir in einer neuen Wohnung vielleicht gar nicht wirklich unterbringen.

Wir werden enthaltsamer, was materiellen Besitz angeht. Wenn wir den Luxus von zu viel Platz nicht haben, dann fragen wir uns gar nicht, ob wir gewisse Dinge kaufen sollen. Materieller Besitz ist oft eine Belastung. Wir stopfen Dinge, die wir gar nicht brauchen, in Schränke, um sie nicht sehen zu müssen. Wenn wir bescheiden leben, dann kümmern wir uns nicht um Besitz. Und wie Buddha gesagt hat: „Wer nicht an Dingen hängt, an dem hängen die Dinge nicht."

EIN GEFÜHL, ZUHAUSE ZU SEIN

Zuhause zu sein ist ein sehr spirituelles Gefühl, das für jeden etwas anderes bedeutet. Die idealisierte Version davon findet sich nur in Hochglanzmagazinen: eine wunderschön gestaltete, perfekt aufeinander abgestimmte Einrichtung, zum Beispiel. Aber das spirituelle Gefühl, das das Zuhause ausmacht, ist weniger greifbar. Zuhause zu sein wirklich zu *erleben* ist eher abhängig von unseren Sinnen. Für mich bedeutet es zum Beispiel eine sanfte Brise auf saftig grünen Wiesen, weil es mich daran erinnert, wo ich aufgewachsen bin. Aber für andere könnte es der Geruch frisch gebackenen Brotes sein, ein Rezept aus einem alten Kochbuch nachzukochen, eine Mahlzeit mit Freunden zu teilen.

Ein kleines Zuhause kann uns dabei helfen, mit diesen Gefühlen verbunden zu bleiben. Städte bieten uns die Möglichkeit, solche Konzepte philosophischer zu sehen. Je mehr wir wandern, desto mehr erleben wir. Wir bekommen mehr Möglichkeiten, uns mit Landschaften, Kulturen und Menschen verbunden zu fühlen. Unsere Häuser sind vielleicht klein, aber unsere Abenteuer sind vielfältig.

Sei
einfallsreich

Manchmal glaubt man, dass nur die Reichen wirklich in die Stadt gehören. Städte sind die Heimat der reichsten Menschen dieser Erde, und sie können an allem teilnehmen, was eine Stadt zu bieten hat.

Geld ermöglicht es ihnen, die Stadt glamourös zu erleben, nur die schönsten Orte zu sehen – sie flitzen in einem Taxi vorbei, so schnell, dass sie nur mehr ein Glitzern wahrnehmen und nicht mehr die einzelnen Lichter. Wenn das Gehalt kaum für eine Wohnung reicht, und schon gar nicht für all den Spaß, den man in einer Stadt erleben kann, dann kann man sich so fühlen, als müsste man mehr arbeiten und mehr Geld verdienen, um glücklich zu sein. Aber eigentlich wissen wir alle, dass

Glück nicht im Glamour und im Luxus zu finden ist. Glück ist unabhängig von finanziellem Erfolg – es liegt in unserem Verständnis von Empathie, Großzügigkeit und Gemeinschaft. Gleichzeitig birgt das Loslassen von materiellem Besitz Glück, denn dann konzentrieren wir uns auf das, was wir haben, anstatt daran zu denken, was wir nicht haben.

LERNE ETWAS NEUES

Die meisten Menschen gehen einkaufen, sobald sie ein wenig Freizeit haben. Aber das macht weniger Spaß, als sich etwas Neues einfallen zu lassen.

Die meisten von uns haben nicht die Zeit, sich vollständig selbst zu versorgen – das ist auch gar nicht nötig. Aber mit ein bisschen Einfallsreichtum können wir unabhängiger werden – und das kann ein erfüllender Zeitvertreib sein.

Städte sind unglaublich reich an Möglichkeiten, sich neue Fähigkeiten anzueignen und Neues zu lernen. Kurse und Workshops können uns beibringen, wie wir unsere eigene Kleidung nähen, Brot backen oder sogar Möbel bauen können. Den Ideen seien keine Grenzen gesetzt!

Sieh die Kurspreise als Investment in deine Kreativität – und damit auch in deine Lebensqualität. Wir lernen nicht nur Neues, wir fühlen uns auch unabhängiger. Es ist unglaublich befriedigend, sein Fahrrad selbst reparieren zu können, Kräuter anzubauen oder ein kleines Regal zu bauen.

ERSCHAFFE WUNDERVOLLES

Ich hatte immer das Gefühl, dass Künstler und Handwerker wundervolle Lehrer sind – sie zeigen uns, wie wertvoll Dinge sind und wie inspirierend.

Ihre Arbeit basiert darauf, aus vorhandenem Material das Beste zu machen. Sie sehen in Gegenständen das, was sie sein können, und schaffen aus Dingen, die wir für hässlich und unbrauchbar halten, wunderschöne Kunstwerke – eine Statue aus Plastikflaschen, ein Beet aus alten Autoreifen.

Viele Künstler stellen ihre Werke in Galerien aus. Wenn man sich die Zeit nimmt, diese zu besuchen, dann kann uns ihr Einfallsreichtum dazu inspirieren, mit dem Material, das wir haben, genauso kreativ umzugehen.

Bei einem Gartenfest am Rande der Stadt nahm ich einmal an einer Tour teil, bei der uns eine Textildesignerin durch die Parks und Grünflächen in der Nähe ihres Studios führte. Wir sammelten die unterschiedlichsten Pflanzen und sie zeigte uns, wie man aus ihnen natürliche Farbstoffe herstellt. Diese Erfahrung weckte in mir eine ganz neue Wertschätzung von Pflanzen.

Ich traf auch einmal eine Künstlerin, die Patchwork-Decken aus Kleidung anfertigte, die einem nicht mehr passte, die man aber auch nicht einfach hergeben konnte. Es war faszinierend, zu sehen, wie sie Kleidung, die sonst vielleicht von Motten zerfressen worden wäre, in kleine Achtecke schnitt und daraus ein kleines Kunstwerk fertigte. Vor allem bewunderte ich die Zeit und Entschlossenheit, die hinter den Bemühungen der Künstlerin steckte.

Auch für einen unerfahrenen Handwerker ist Geduld eine Tugend. Und Fähigkeiten, die uns Unabhängigkeit ermöglichen, verbinden uns auch mit der Gegenwart. Genieße den Prozess, etwas zu erschaffen, und sieh Zeit nicht als Feind, sondern als Werkzeug. Du wirst in diesem kreativen Akt deinen eigenen Rhythmus finden – im wiederholten Einstechen in Stoff, im Abschleifen von Holz, im Eintauchen des Pinsels in Farbe. Deine Hände und deine Gedanken finden Ruhe im Prozess des Schaffens.

Bleib im Einklang mit deinen
Sinnen

Wenn ich meinem Sohn dabei zusehe, wie er etwas, das er noch nicht kennt, in den Händen hält, wie seine Augen aufleuchten, wie bewusst er diesen Gegenstand wahrnimmt, erinnert mich das, meine kindliche Begeisterung nicht zu verlieren. Ich kann bei ihm beobachten, wie Sehen, Fühlen und Denken im Einklang sind – egal ob er eine Nagelfeile, eine CD oder einen Kochlöffel in den Händen hält.

Unsere Umwelt wie ein Kind zu spüren ist ein Weg zur Achtsamkeit. Ich habe dass Gefühl, dass ich meine Gedanken aktiv auf etwas richten muss, um es besser erleben zu können. Wenn wir älter

werden, haben wir mehr zu tun, sind gestresster, auch geschickter, aber wir verpassen so viele Möglichkeiten, Dinge bewusst zu erfahren.

Es ist für unser Wohlbefinden wichtig, dass wir diesen Sinn für das Wunderbare behalten – vor allem, wenn wir in der Stadt leben, wenn wir ständig daran denken, was noch zu erledigen ist. Wenn wir das schaffen, dann erkennen wir, dass Freude nichts Abstraktes ist, sondern dass es reicht, Textur, Form und Beschaffenheit von etwas zu spüren.

Für mich ist die Erntezeit eine Möglichkeit, Essen wieder neu wahrzunehmen – nicht als etwas, das im Überfluss da ist, sondern als etwas, das wachsen und gedeihen muss, das Zeit braucht. Immer wieder Früchte und Gemüse zu pflücken hat etwas Hypnotisches, das es mir erlaubt, mich ganz auf das Hier und Jetzt zu konzentrieren. Es scheint, als würden meine Hände mein Denken leiten – nicht umgekehrt. Ich empfinde unglaublichen Respekt und Neugier für die Arbeit, die diese Lebensmittel hervorbringt.

Nicht alle Städte bieten viele essbare Pflanzen. Aber wir können unsere Hände mit anderen, ähnlichen Aktivitäten beschäftigen, sodass wir etwas zuerst mit den Händen und dann mit dem Kopf erfassen.

DIE GESCHICHTE EINER STADT SPÜREN

Die Stadt ist eine Schatztruhe von Erfahrungen, die wir spüren, hören und sehen können. Botanische Gärten und öffentliche Parks sind offensichtliche Möglichkeiten, aber auch Brunnen, Skulpturen und alte Backsteinmauern können unsere Sinne ansprechen. Die Hand ins kühle, im Sonnenlicht glänzende Wasser zu halten ist etwas, das in unserer Natur liegt und uns wieder mit ihr verbindet. Immer, wenn ich eine Statue mit abgegriffenen Stellen sehe, erinnere ich mich daran, wie natürlich dieser Impuls ist, etwas zu berühren. In Verona musste eine Statue von Shakespeares Julia sogar in ein Museum gestellt werden – ihr rechter Arm und ihre Brust waren so abgegriffen, weil die Touristen die Statue als Glückssymbol berührten.

Eine Statue zu berühren kann uns aber auch daran erinnern, wofür die Statue steht. Es kann uns daran denken lassen, wie viele Menschen schon an genau dieser Stelle gestanden haben. Oder an die wichtigen Ereignisse, die die Stadt geformt haben. Etwas zu berühren ist eine Möglichkeit, dieses Wissen zu *spüren*.

Historische Orte geben uns ein tieferes Verständnis über das Wissen, das wir uns sonst nur durch Bücher aneignen. Wenn wir Orte mit den Händen erfahren, sind wir den Menschen verbundener, die die Geschichte unserer Stadt geformt haben, und haben ein tieferes Verständnis unserer Identität.

LIEBESBOTSCHAFTEN

Als ich in Prag über die handgeschrieben Nachrichten und Zeichnungen auf der Lennon-Wand strich, fühlte ich mich dem Zeitgeist eines besonderen Moments der Geschichte dieser Stadt besonders verbunden. Die Wand wurde nach dem Sänger der Beatles, John Lennon, benannt, der für die pazifistische Jugend in Zentral- und Osteuropa während des Kommunismus ein Held war.

Seit den 1980ern werden seine Songtexte und Nachrichten, die von ihnen inspiriert sind, auf diese Wand geschrieben.

Obwohl die Wand immer wieder gereinigt wurde, konnte das kommunistische Regime die Wand nie lange sauber halten. Schon am nächsten Tag waren wieder Nachrichten und Gedichte auf ihr zu lesen. In den 1980ern war diese Wand ein Symbol für Meinungsfreiheit – eine Möglichkeit des friedlichen Protests. Bis heute ist sie voll von Liebesbotschaften, und wenn du mit den Fingern über sie streichst, spürst du, welche Bedeutung sie haben.

Genieße die
Veränderung

Wo sonst werden wir so an das Durchhaltevermögen einer Stadt erinnert wie auf Friedhöfen? Einen Friedhof in London kenne ich besonders gut. Er ist über zweihundert Jahre alt und beherbergt die Seelen der Wissenschaftler, Künstler und Literaten, die diese Stadt geprägt haben.

Unter den Tausenden von Gräbern liegt auch das von Isambard Kingdom Brunel. Viele Menschen pilgern zu seinem Grab – als einer der einflussreichsten Ingenieure seiner Zeit entwickelte er die Gleise, die die Städte miteinander verbanden, und brachte sie

dadurch in das industrielle Zeitalter. Aber heute birgt es auch eine gewisse Ironie, an Brunels Erbe zu denken. Sein Grab liegt auf einer geplanten Gleisstrecke – angeblich soll nur wenige Meter unter seinem Grab ein Tunnel gegraben werden.

Nicht einmal Brunels Grab ist also vor der Innovation der Stadt sicher. Denn die Stadt birgt immer Veränderung, nichts ist jemals „fertig". Immer, wenn etwas fertig scheint, gibt es neue Ideen, wie man es verbessern könnte. Das ist die Natur der Stadt.

IMMER WIEDER AUFS NEUE

Die Stadt verändert sich permanent und diese Veränderungen sind nicht immer gut. Wir schimpfen oft über Pannen und alle Probleme, die sich in einer Stadt auftun, denn wir erfahren sie jeden Tag wieder.

Dieser ständige Wandel, egal ob er nun gut oder schlecht ist, bedeutet, dass nichts in der Stadt beständig ist; keine Straße, kein Horizont bleibt lange so, wie er jetzt ist. Und das kann dazu führen, dass man sich in der

Stadt fremd und verloren fühlt. Dieser ständige Wandel, den Städte durchlaufen, kann jedoch auch etwas Positives sein. Wenn wir uns die Zeit nehmen und ein paar Jahre und Jahrhunderte in die Vergangenheit unserer Stadt schauen, dann sehen wir, wie weit wir es schon gebracht haben. Es ist doch auch inspirierend zu sehen, wie die Stadt sich immer wieder aufs Neue verändert. Es zeigt uns, dass Veränderung immer möglich ist.

DIE STADT ALS MOSAIK

Eines Tages machte ich mich auf den Weg zu Brunels Grab. Auf diesem Friedhof sind alle Grabsteine verwittert, man könnte meinen, sie würden beim nächsten Gewitter einfach umkippen.

Verschlungene Wege und gewaltige Ahornbäume, langes, dürres Gras, Spierstauden, die wie Gischt aussehen – dieser Friedhof fühlt sich eher wie ein Garten an. Die Natur hat diesen Ort in den letzten zwei Jahrzehnten wieder an sich gerissen.

Die Stadt ist da ähnlich: Es werden immer wieder neue Schichten gebaut, alt neben neu, moderne Hochhäuser neben mittelalterlichen Marktplätzen. Eine Stadt wird selten von Grund auf gebaut, sie entwickelt sich mit den Jahren. Und genau das ist es auch, was ihren Zauber ausmacht. Dieses Mosaik aus Vergangenheit, Gegenwart und Zukunft macht die Stadt unvollkommen und wild. Und es macht sie auch widerstandsfähig.

Vor allem in historischer Architektur sehen wir diese Widerstandsfähigkeit, diese Beständigkeit – manche Gebäude stellen immer wieder den Plänen moderner Architekten entgegen. Und wenn wir vor diesen Gebäuden stehen, können wir darüber nachdenken, welche Veränderungen sie schon beobachten konnten.

DIE SEELE DER STADT

Während wir dabei zusehen, wie immer neue Gebäude errichtet werden, entdecken wir auch die Seele der Stadt, die sich immer nach der Zukunft sehnt. Es zeigt uns, wie die Stadt immer wieder von ihren Bewohnern wiederaufgebaut wurde und die Zerstörung immer wieder überwunden wurde.

Und es gibt diese Orte, an denen man wie aus einem Buch Epochen ablesen kann. Denke nur an Florenz oder Venedig, in denen die Renaissance ganz offensichtlich an jeder Straßenecke zu sehen ist, oder Athen, wo die Demokratie, die sich im 5. Jahrhundert v. Chr. dort entwickelt hat, ganz eindeutig ihre Spuren hinterlassen hat.

Denke nur daran, was man irgendwann einmal über Singapur, Vancouver oder München sagen wird. Wie werden wohl die Epochen heißen, die man in der Zukunft von diesen Städten ablesen kann?

Finde Schönheit
in der Form

Wenn man uns auffordern würde, unsere Stadt zu zeichnen, dann würde vermutlich ein hektisches Getümmel aus Farben und Linien entstehen. Wir würden vielleicht Eindrücke von Straßen, Gebäuden und Menschen festhalten – kurzum, es wäre ein Bild voller Bewegung.

Die visuelle Komplexität der Stadt kann uns inspirieren. Aber wenn wir so viele Impulse bekommen, dann kann es sich auch so anfühlen, als ob es nichts Ruhiges in einer Stadt gebe. Simples, einfaches Design ist nicht ohne Grund so beliebt: Es ist angenehm für das Auge. Mit so vielen Impulsen bombardiert zu werden, kann uns ermüden.

Eine schöne Form kann dann fast wie eine Oase wirken: Eine elegante Struktur oder ein minimalistisches Arrangement von Formen kann Ordnung in das Chaos bringen. Handwerkskunst ist eine dieser Oasen, weswegen Tee aus einer handgemachten Tasse immer besser schmecken wird als aus einem Plastikbecher. Auch die geometrischen Form eines Spinnennetzes, in dem sich der Morgentau sammelt, kann so eine Oase sein.

Aber auch Kunst, die man in der Stadt überall finden kann, erzeugt diesen Effekt auf uns. Denke nur an die Form einer Brücke oder die Verzierungen an Säulen. Sich auf diese Eindrücke zu konzentrieren kann Ruhe in wilde Gedanken bringen.

BAHNBRECHENDE ARCHITEKTUR

Die oft inspirierenden, modernen Bauten einer Stadt ziehen den Blick auf sich und entspannen den Betrachter. Ich mag besonders Gebäude mit großen Fenstern, hohen Decken und minimalistischer Einrichtung – sie geben mir das Gefühl, in einem endlosen Raum zu stehen.

Die Harpa-Konzerthalle in Reykjavik ist so ein Gebäude. Von außen sieht sie fast wie eine Klippe aus, die Wände bestehen aus unzähligen hexagonalen Glasplatten, hier und da blitzen farbige oder verspiegelte Platten hervor und auch die Decke ist verspiegelt. Die Architekten ließen sich von der isländischen Geografie, vor allem den Vulkanen, inspirieren. Das Gebäude soll das Licht spiegeln, verändern und brechen.

Öffentliche Büchereien zeigen auch oft aufwendige Architektur und haben den Vorteil, zudem Oasen der Ruhe zu sein. Die öffentliche Bücherei in New York ist so ein Beispiel für bahnbrechende Architektur. Sie kombiniert klassische Details, endlose Leseräume und eine der größten Hallen, die ohne Säulen konstruiert wurde. Eine Bücherei in Dänemark, die „Der schwarze Diamant" genannt wird, schwebt förmlich auf dem Wasser und ermöglicht eine atemberaubende Aussicht.

Kleine Balkone und ein Brunnen geben der Bücherei eine noch stärkere Aura der Ruhe.

Viele Städte haben solche architektonischen Schätze, die Ruhesuchenden Zuflucht gewähren.

EIN SPIRITUELLES KUNSTWERK

Städte sind nicht homogen. Sie sind ein Mosaik, und jedes einzelne von ihnen hat seine eigene Stimmung, Kultur und Geschichte und damit ein Herz und eine Seele. Städte sind oft wahre Kunstwerke, umso befriedigender ist es, sich mit ihnen zu befassen und sich auf sie einzulassen.

So eine Stimmung ergibt sich nicht über Nacht. Sie wird durch die kollektive Identität von Menschen, die an diesem Ort leben und arbeiten über Jahre und Jahrzehnte gemacht. Sie ist das Produkt von Entscheidungen, Ideen und Innovationen von vielen Generationen.

Jede Stadt hat einzigartige Geschäfte, Restaurants und Nachbarschaften. Die unterschiedlichsten Kulturen, die miteinander interagieren, sowie die Künstler einer Stadt beleben sie. Wir finden kleine Familienbetriebe, uralte Marktplätze und moderne Kunstwerke Seite an Seite. An solchen Orten zeigt sich, dass eine Stadt immer eine eigene Persönlichkeit entwickelt.

Solche Orte sind etwas Besonderes und wir sollten uns an ihnen erfreuen. Denn oft werden solche Orte beliebte Attraktionen und verdrängen nach und nach die Menschen, die sie zu etwas so Besonderem gemacht haben.

Genieße solche Orte also, solange ihr Herzschlag noch laut und bunt ist, denn sie erzählen uns ihre Geschichte von selbst, sie erzählen die Geschichte der Gemeinschaften, die an diesen Orten mitgewirkt haben. Die Stimmung solcher Orte kann nicht konserviert werden, also mach dich auf die Suche nach diesen Orten voller Seele und freue dich darüber, dass ihr Herz noch schlägt.

Musikalische
Entdeckungen

Musik ist etwas, das Menschen immer berühren wird. Sie ist uns genauso eigen wie dem Vogel das Fliegen. Sogar Neugeborene haben schon ein gewisses Gefühl für Rhythmus, geben sich ihm hin – wir entwickeln diese Freude an Musik bereits im Mutterleib. Wenn wir Musik hören, setzen unsere Körper Dopamin, das Glückshormon, frei. Immer wiederkehrende Melodien, Noten, die sich zu einer Harmonie zusammenfinden, machen uns glücklich, weil sie unser Gehirn stimulieren.

Musik passiert, wenn Menschen aufeinandertreffen. Daher sind Städte oft Sammelbecken verschiedenster musikalischer Ausprägungen. Für viele Städte ist ihre Musikszene auch ein wichtiger Teil der Identität. Städte können mit Jazz, Gospel, Blues oder der Blasmusik ihrer Straßenkünstler assoziiert werden. Die Musik einer Stadt erzählt auch oft viel über ihre Geschichte. In einer Stadt zu leben, die viele musikalische Gemeinschaften beherbergt, bringt uns dazu, immer wieder Neues zu lernen.

DIE QUAL DER WAHL

Wir können täglich zu unterschiedlichsten Konzerten an den unterschiedlichsten Orten gehen. Du entscheidest dich vielleicht für ein Heavy-Metal-Konzert in einer Halle mit Tausenden anderen oder ein Symphonie-Orchester in einer Kathedrale oder vielleicht einen einsamen Blues-Sänger in einer kleinen Bar. Der Ort ist also für Konzerte und Auftritte genauso wichtig für die Stimmung wie die Veranstaltung selbst.

Ein Grund dafür ist, dass der Ort die Akustik bestimmt. Manche Orte sind sogar so gestaltet, dass sie die Akustik verbessern. Musikhallen haben oft gewölbte Decken, die ein dumpfes Echo erzeugen – ideal für

romantische Balladen. Andere Orte haben schallge-
dämpfte Wände, die es dem Zuhörer erlauben, Streich-
und Blasinstrumente besser voneinander zu unter-
scheiden.

Wenn wir bei der Auswahl der Orte, an denen wir
Konzerte besuchen, daran denken, dass sie für bestimmte
akustische Phänomene ausgelegt sein können, dann
erfahren wir eine tiefere Verbindung zu der Musik. Wir
können spüren, dass der Architekt nicht nur das Auge,
sondern auch das Ohr bei der Konstruktion des Gebäu-
des bedacht hat. Und manchmal kann es auch schön sein,
nicht in einem Raum mit verbesserter Akustik zu sitzen,
sondern einfach nur der Musik zu lauschen, die wild in
die Menge geworfen wird.

Wenn man es also so betrachtet, haben wir viele
Möglichkeiten, Musik wahrzunehmen. Das Zuhören
kann so zu einer aktiven Handlung werden. Wir können
Ton und Rhythmus erforschen, wenn sie an unsere
Ohren dringen. Selbst wenn wir keine Noten lesen oder
ein Instrument spielen können, sind wir in der Lage, uns

auf einer persönlichen Ebene mit Musik auseinanderzu-
setzen. Niemand wird dich nach einem Konzert prüfen,
niemand fragt dich nach den technischen Aspekten, ob
du auch wirklich alle Nuancen gehört hat. Genieße
einfach die Musik.

Du wirst sehen, dass du mehr hörst, als du gedacht
hättest. Du wirst vielleicht genau auf den Bass hören
oder auf die Nuancen eines Cellos. Musik ist dazu da,
eine Stimmung zu vermitteln, egal ob es Melancholie,
Freude, Traurigkeit oder Romantik ist. Vielleicht fühlst
du dich aber auch ganz anders. Du hast die Freiheit, die
Musik so wahrzunehmen, wie du möchtest. Es gibt keine
richtigen oder falschen Antworten – egal, was Kritiker
sagen.

GEMACHT UM MUSIK ZU HÖREN

Live-Musik ist immer spannender als aufgenommene
Musik. Einem talentierten Künstler dabei zuzusehen, wie
er sein Instrument beherrscht, ist inspirierend. Und es ist
genauso inspirierend zu sehen, dass andere diese Musik

ebenso wertschätzen. Diese Leidenschaft kann eine eigene Gemeinschaft bilden, die unabhängig von Kultur, Religion und Sprache existiert.

Das ist eine der besonderen Eigenschaften von Musik. Sie berührt Menschen unabhängig von sozialem Status, Bildung oder Geld – sie spricht mit der Seele. Auch die Musik einer bestimmten Kultur erzählt eine Geschichte und hat die Kraft, Menschen, die diese Kultur nicht kennen, zu verbinden. Durch Musik erfahren wir immer wieder, dass wir mit unseren Erfahrungen nicht alleine sind.

Als Publikum haben wir Empathie für die Erfahrungen anderer. Wir sind Teil von etwas Größerem: Von der ersten bis zur letzten Note sind wir Teil einer temporären Gemeinschaft. Wir sind vielleicht nur für kurze Zeit eine Gemeinschaft, aber wir spüren eine dem Menschen ureigene Verbindung. Wir sind Teil einer Spezies, der die Natur Ohren geschenkt hat, um Musik zu genießen.

Durch die Augen
von anderen

Neben dem letzten Haus, in dem wir gelebt haben, bevor unser Kind zur Welt kam, stand ein alter Kirschbaum. Ich habe nie ganz verstanden, wie er dort, so nahe neben dem Haus, so stark wachsen konnte. Er stand so nah neben dem Haus, dass einige Äste am Küchenfenster kratzten. Wenn der Wind ging, wirkte der Baum manchmal wie ein abstraktes Gemälde.

Im Frühling schien es, als würde er sich endgültig von diesen unwirschen Lebensbedingungen erheben und sich aus den Grenzen des Gartenzaunes befreien. Stattdessen erblühten blassrosa Blüten, die der Wind bis an das Ende der Straße trug. Sie flogen auch ins Haus – kleine, zarte Blätter, die morgens den Küchentisch blassrosa färbten und sich im flauschigen Teppich verfingen.

Die Arbeit, die dieser Baum mir machte, störte mich nicht. Ich liebte ihn. All die Jahre, die wir in diesem Haus verbrachten, war dieser Baum an unserer Seite. Wenn er seine Blüten trug, fühlte ich mich wieder mit der Straße verbunden, in der wir wohnten. Oft wollte ich nach einem langen Tag nichts mehr von der Welt um mich herum wissen. Aber wenn ich die Blüten sah, während ich darauf wartete, dass das Wasser zu kochen begann, bewunderte ich all die Bienen, die sich den harschen Bedingungen der Stadt widersetzten, um an den süßen Nektar zu gelangen.

Der Baum richtete meinen Blick wieder nach draußen, auf die Straße, der ich sonst wenig Beachtung schenkte, und ich nahm sie wieder wirklich wahr. Insofern war dieser Baum wie ein Portal in die Gegenwart – er verwurzelte mich durch seine Farben in ihr.

DAS LEBEN VOR DEN SONNENUHREN

Der Kirschbaum brachte auch die Stimme der Erde in unser Zuhause. Er atmete, blühte, fütterte die Bienen, schlief im Winter – dieser Kreislauf des Lebens war schon da, als wir die Zeit noch nicht messen konnten. Diese Zeit, die wir manchmal noch im Grün, das zwischen Backsteinmauern und Zäunen hervorlugt, das neben Bahngleisen und Busstationen gedeiht, wahrnehmen, unterscheidet sich stark von unserer heutigen. Man konnte damals die Zeit noch nicht messen – heute leben wir nach der Uhr.

Wenn ich im Frühling aus dem Fenster sah, beobachtete ich oft die älteren Menschen, die bei der Busstation ausstiegen. Sie trugen ihre vollen Einkaufskörbe und Gehstöcke nach Hause – lange nach der Hast des morgendlichen Pendelverkehrs. Diese Menschen sind genauso Teil unserer Gemeinschaft. Aber wenn man sich immer nur mit denselben Menschen umgibt, mit Menschen, die so sind wie man selbst, vergisst man oft, wie unterschiedlich unsere Bevölkerungsstruktur ist.

RUHESTAND IN DER STADT

Dabei gibt es weltweit über 500 Millionen Stadtbewohner, die älter als 60 sind, und die UNO schätzt, dass es innerhalb des nächsten Jahrzehnts eine Milliarde werden.

Nicht all diese Menschen leben in der Stadt, weil sie es wollen. Und viele finden keinen Zugang zu den dynamischen und sozialen Möglichkeiten, die eine Stadt ausmachen. Einige von ihnen wollen aber in der Stadt bleiben, und das, obwohl sie von der Verpflichtung zu arbeiten befreit sind. Von ihrer Perspektive können wir viel darüber lernen, was die Stadt alles zu bieten hat.

Einmal sprach ich mit einem Mann in seinen 80ern, der, nachdem er in Pension gehen konnte, sein Haus, seine Felder und seine Schafe verkaufte, um in die Stadt, in die Nähe des Barbican Art Center, eines der größten Zentren für darstellende Kunst ist, zu ziehen. Wir trafen uns, um über seinen preisgekrönten Balkongarten zu sprechen, aber wir sprachen irgendwann nur mehr über seine Liebe zum Stadtleben, durch das er etwa zweihundert Konzerte pro Jahr besuchen konnte. Für ihn war die

Stadt etwas, das seinem Leben Tiefe gab und es ihm ermöglichte, italienisch zu essen, wann immer er es wollte. Die Stadt, fand er, sei eine der besten Möglichkeiten, sich mit anderen Menschen zu verbinden.

Das erinnerte mich an den Wert unserer städtischen Gemeinschaften, und dass wir uns glücklich schätzen können, Teil so vieler Gemeinschaften zu sein. Gemeinschaften sind wichtig für das Wohlbefinden, vor allem für Menschen, die sonst niemanden mehr haben. Die Möglichkeiten, sich einer Gemeinschaft anzuschließen, sind grenzenlos. Wir können Workshops besuchen, uns mit unseren Nachbarn anfreunden oder sogar Menschen einfach so auf der Straße kennenlernen. So schaffen wir uns eine lange, glückliche Zukunft in der Stadt.

Erinnerungen für die
Seele

Die meisten von uns wünschen sich, dass jeder Tag etwas Besonderes ist – auch wenn Arbeit und Verantwortung das oft nicht zulassen. Und wir Stadtbewohner haben so viele Möglichkeiten, jeden Tag zu etwas Besonderem zu machen.

Du denkst vielleicht nicht, dass ein Carpe-Diem-Lifestyle auch bedeutet, sich von Fear-Of-Missing-Out, also der Angst davor, etwas zu verpassen, zu befreien. Aber wenn man Erinnerungen für die Seele machen will, geht es nicht darum, zu möglichst vielen Konzerten und Ausstellungen zu gehen.

MOMENTE WIRKLICH ERLEBEN

Vor langer Zeit, als ich noch eine Jugendliche war, las ich das Buch *Memoiren einer Geisha*, von Arthur Golden und ich erinnere mich noch immer an eine der letzten Szenen, in der ein älterer Japaner seinen letzten Spaziergang durch den Central Park macht. Er bleibt an einer Kreuzung stehen, die Augen geschlossen, die Hand am Gehstock und atmet den Geruch der Kiefern ein. Und der Geruch bringt ihn wieder zurück zu einer Straße in Osaka, in der er als Kind gelebt hat. Golden schreibt: „Manchmal', seufzt er, ‚glaube ich, dass meine Erinnerungen realer sind als die Wirklichkeit.'"

Erinnerungen finden den Weg ins Herz. Oft wird gesagt, man soll einen Moment „einatmen", und, so kitschig das auch klingt, wir sollten das wirklich tun. Unsere Erfahrungen sind nur der Anfang unserer Erinnerungen: Damit du den Moment auch nach Jahren noch in dir trägst, musst du ihn in diesem Augenblick sehen, riechen, fühlen und hören. Und dabei reicht es nicht, eine Liste an Erfahrungen, die man machen sollte, abzuarbeiten. Für mich bedeutet „Carpe Diem", seine Seele der unfassbaren Schönheit des Moments auszusetzen. Und manchmal geschieht das ganz von alleine.

Als ich eine Zeit lang wieder am Land lebte, erinnerte ich mich oft unwillkürlich an Ereignisse. Ich dachte an den Akkordeonspieler, der jeden Tag am Fluss saß und jeden Tag dieselben Lieder spielte. Einmal spielte er ein Schlaflied, um mein weinendes Kind zu beruhigen. Ich erinnerte mich daran, wie ich einen Freund innig umarmte. Es war mitten in der Nacht, in einer U-Bahn-Station, wir waren beide betrunken, und ich entschuldigte mich immer wieder, weil wir unnötigerweise gestritten hatten. In all diesen Jahren habe ich also unbewusst Erinnerungen gesammelt – andere Momente, an die ich mich erinnern wollte, habe ich vergessen.

LASS DEN MOMENT PASSIEREN

An einem Ort innezuhalten kann eine wunderbare Möglichkeit sein, sich neuen Erinnerungen zu öffnen. Wir befinden uns dann in einer Stimmung, in der wir besonders empfänglich dafür sind, weil wir loslassen können. Öffentliche Orte, wo man den Menschen einfach zusehen kann, kleine Einblicke in ihr Leben bekommt oder auch dem Auftritt eines Straßenkünstlers beiwohnen kann, sind so reich an Eindrücken, dass sie sich uns ins Gedächtnis brennen. Wir müssen uns nur vom Zeitdruck lösen, den Moment auf uns zukommen lassen.

Setze dich zum Beispiel neben den Eingang einer Kathedrale und sieh dir die Menschen an, die hineingehen, und lass dich von Touristen für deine Stadt begeistern. Oder stell dich eine Zeit lang in eine Einkaufsstraße und hör zu, wie die Menschen reden, und wie die einzelnen Stimmen zu einem undurchdringbaren Gespräch werden. Oder setz dich an einen gut besuchten Platz und überlege dir, was die Geschichten der Menschen sein könnten, die an dir vorbeigehen.

Achte darauf, wie schnell die Szenen wechseln können und wie leicht. Wie Menschen kurz in dein Leben treten und sogleich wieder verschwinden. Du wirst bemerken, dass die Stadt sich gar nicht so schnell bewegt, wie du vielleicht denkst. Dass die Stadt eigentlich sehr gemütlich ist. Es ist eine gewisse Ruhe in der Stadt, die fast wie ein Gedicht ist, in dem jede Figur ihre eigene Zeile hat, die du nach und nach liest. Jede Figur ist anders, ganz eigen, und du lernst sie kennen. Und jede Figur trägt zu dem Gesamtbild des Gedichtes bei.

Menschen zu beobachten ist ein Fenster in eine andere Welt. Manchmal brauchen wir nur ein bisschen Zeit und Ruhe, um die Stadt zu genießen. Manchmal muss man einfach still stehen, um Freude zu empfinden.

Ein Zuhause für
Introvertierte

Das letzte Mal, als ich versucht habe, in der Öffentlichkeit eine Rede zu halten, war fürchterlich. Ich nahm an einer Ausstellung für London-Liebhaber teil und sollte als einer der Experten einen Vortrag darüber halten, warum ich die Stadt so liebe. Ich sprach über die Natur in London, aber obwohl ich wahnsinnig viel über dieses Thema zu sagen hatte, gingen die Menschen nach Hause, ohne wirklich etwas gelernt zu haben.

Ich war am Boden. Meine Stimme war zittrig und manchmal holte ich eine ganze A4-Seite lang nicht Luft. Ich redete, so schnell ich konnte, um möglichst bald wieder von der Bühne gehen zu können. Ich sah nicht auf, ich wollte es einfach nur hinter mich bringen. Und auch die drei Gläschen Rum, die ich getrunken hatte, um mich zu beruhigen, hatten nichts gebracht. Und dass der Sprecher vor mir unglaublich eloquent über sein wahnsinnig interessantes Thema gesprochen hatte, half auch nicht.

Im Zug nach Hause wollte ich vor Scham im Erdboden versinken. Ich fühlte mich als Versagerin im Angesicht der großartigen Sprecher, die das Publikum vor und nach mir einnehmen konnten. Sie alle waren so selbstbewusst gewesen, als hätten sie nicht mehr getan, als mit einem guten Freund zu sprechen.

Es war ein seltsamer Moment für mich. Ich bin ein Mensch, der im Stimmengewirr der Stadt schweigt. Und dann wurde ich ins Scheinwerferlicht gestellt, um mich aller Welt mitzuteilen. Das entsprach einfach nicht meiner Natur.

Der Lärm der Stadt ist angenehm, wenn du ein schweigsamer Mensch bist. Die Stadt ist extrovertiert, und bietet damit ein Zuhause für Menschen, die ebenso sind und sich gerne und mit allen Mitteln ausdrücken.

Aber sie kann auch genauso gemütlich für die schüchternen, introvertierten unter uns sein. Für diejenigen, die nur leise und behutsam im Strom dieses Tumults mitschwimmen.

Ich dachte an all die anderen Stadtbewohner, denen es genau wie mir geht, die lieber für sich bleiben. Die unvernünftige Zusage zu einer öffentlichen Rede ausgenommen, hatte ich bisher nirgendwo sonst so gute Erfahrungen als introvertierter Mensch gemacht wie in der Stadt.

GANZ FÜR MICH ALLEIN

Viele glauben, dass introvertierte Menschen unsozial sind und andere Menschen nicht mögen. Natürlich ist jeder von uns anders, aber auf mich trifft das nicht zu. Ich glaube, ich bin einfach nur ein ruhigerer Mensch als die meisten. Ich identifiziere mich als introvertierter Mensch, weil mir Zeit für mich allein sehr wichtig ist und auch sehr wichtig für mein Wohlbefinden ist. Ich kann meine Gedanken am besten verfolgen, wenn ich alleine bin.

Weil ich mir dessen bewusst bin, habe ich immer darauf geachtet, ruhige Plätze in der Stadt zu finden, weit weg von all den Stimmen. Ich persönlich finde Ruhe in botanischen Gärten und großen Parks – ganz besonders am Campus der Gartenbau-Universität, an der ich studierte. Ich ging dort gerne in der Mittagspause durch den Rosengarten oder saß alleine neben schön getrimmten Büschen. Im Sommer war es wie ein Himmel auf Erden – ein Meer aus Farben und Wellen von Gerüchen. Ich fühlte mich geborgen in diesem kleinen Paradies und schloss meine Augen, um diese Ruhe zu genießen.

Nicht jede Stadt hat das Glück, so viele Grünflächen zu haben wie London, aber Orte für Introvertierte müssen ja auch keine Parks oder Gärten sein. Man könnte zum Beispiel in eine Kirche gehen oder eine Universität. Viele Buchgeschäfte beherbergen auch Cafés, wo man sich gemütlich hinsetzen und Tee trinken kann, um dann vollkommen in die Welt eines Buches einzutauchen, das man gerade gekauft hat.

Abgeschiedenheit ist aber auch nicht immer nötig, um sich Ruhe zu gönnen. Die Stadt ist ein Ort, an dem es niemanden stört, wenn man alleine sein möchte – meistens sind die Leute so mit sich selbst beschäftigt, dass sie dich gar nicht wahrnehmen. Und öffentliche Orte sind oft voll von Menschen, die Zeit mit sich alleine verbringen – sie arbeiten am Laptop, lesen etwas oder zeichnen vielleicht sogar. Es ist auch nicht ungewöhnlich, dass Menschen alleine ins Museum oder in ein Konzert gehen.

Ich sprach einmal mit einem jungen Mann für einen kleineren Artikel. Er saß in der Royal Festival Hall und zeichnete dort Porträts von den Menschen, die an ihm vorbeigingen. Er erzählte mir, dass er gerne hier sitze, weil er für sich allein sein konnte, ohne sich von der Welt abschotten zu müssen. Er konnte den Tumult genießen, ohne mit jemandem reden zu müssen.

Städtische
Zufluchtsorte

Gemeinschaft ist wundervoll für die Seele, aber es ist genauso wichtig, dass man allein sein kann, dass man Zeit hat, sich von den Menschen zu erholen. Alleinsein ist ein Geschenk, das wir uns selbst machen. Es gibt uns die Möglichkeit, uns von all den Ablenkungen und dem Lärm abzuschotten und Ordnung in unsere Gedanken zu bringen. Es gibt uns vor allem die Möglichkeit, mit unseren Gedanken fertig zu werden und sie weiterzudenken, als wir das im Alltag oft können.

Die Tatsache, dass die wenigsten Städte diese typischen Orte des Alleinseins – Wälder, einsame Buchten – haben, bedeutet aber nicht, dass sie gar keine Möglichkeiten bietet. Es scheint oft, als wäre die Stadt so voll von

Menschen, dass es unmöglich ist, sich von ihnen abzuschotten. Und deshalb belassen wir es oft dabei, anstatt uns auf die Suche nach Plätzen zu machen, an denen wir alleine sein können.

Das Handy, so nützlich es auch sein kann, sorgt oft dafür, dass wir unsere Zeit vergeuden. Diesen Gedanken habe ich besonders oft, wenn ich mit dem Zug fahre und sehe, wie alle Menschen auf ihre kleinen Bildschirme schauen und sich abschotten. Ein digitaler Kokon, der uns aber nicht nur von Menschen abschottet, sondern von unserer gesamten Umwelt.

Aber das Handy bietet nur die Illusion von Alleinsein. Wir entfernen uns zwar von den Menschen um uns herum, aber wir versinken im Internet,und dabei bleibt unser Kopf bei all der Verantwortung, die wir haben. Wir absorbieren Information, kommunizieren und organisieren unseren Kalender. Und wenn eine neue Nachricht kommt, dann antworten wir sofort darauf, als ob wir keine Wahl hätten. Unsere Technologie setzt uns unter Druck, und zwar so sehr, dass wir nicht nur unsere

Energie verlieren, sondern auch verlernen, wie man sich auf etwas konzentriert.

STREBEN NACH RUHE

In Situationen, in denen du keine andere Wahl hast, als unter Menschen zu sein, kannst du dich dafür entscheiden, dich in einem Buch zu verlieren, anstatt deine E-Mails zu beantworten. Bücher sind meiner Ansicht nach ein besseres Mittel, Ruhe zu finden, als das Handy, weil du nicht dazu gezwungen bist, zu kommunizieren. Und sie lassen uns in eine andere Welt abtauchen – ganz allein.

Unsere Umwelt zu lesen wie ein Buch ist auch eine Möglichkeit, für sich zu sein, wenn wir uns die Zeit nehmen, sie als etwas Neues zu sehen. Versuche einmal, dir einen Tag oder ein paar Stunden Zeit zu nehmen, um die Welt um dich herum neu zu betrachten, auf dieselbe Art, wie du vielleicht in die Welt einer Geschichte eintauchen würdest. Such dir dafür einen Ort aus, der es dir erlaubt, die Stadt in Ruhe zu betrachten, die Stimmen, Farben und Gerüche aufzusaugen. Du wirst die Stadt anders sehen. Das Wochenende ist ideal, um die Stadt auf diese Weise zu „lesen".

Oder umgehe die lange Schlange und geh schon ganz früh ins Museum, wenn alle anderen noch schlafen, sodass du die Geschichte und die Kunst für dich allein hast. Und dann kannst du in dein Lieblingscafé gehen, um zu frühstücken, wenn das Gebäck noch frisch ist – du wirst sehen, wie anders diese Erfahrung ist.

EIN BUFFET FÜR DIE SINNE

Eine besonders lustige Art, seine Umwelt anders zu sehen ist es, so zu tun, als sei man ein Autor, der versucht, die Szene um sich herum zu beschreiben. Frag dich dabei, welche Details du niederschreiben würdest, um die Szene am besten festzuhalten, welche Worte du nehmen würdest, um sie zu beschreiben. Fast alle Orte sind dafür geeignet. Und du kannst sogar einen langen Spaziergang machen und die Landschaft um dich herum beschreiben.

Wenn du in deiner Stadt einen schönen Garten oder vielleicht sogar ein historisches Gebäude findest, das öffentlich zugänglich ist, oder vielleicht auch Museen, die besonders früh aufsperren, dann kannst du die frühen Morgenstunden ideal nutzen. Um diese Zeit ist eine Stadt manchmal genauso menschenleer wie ein ländliches Dorf.

Im Winter haben diese Orte eine ganz besondere Magie. Sie sind menschenleerer als sonst, und die Stille des Winters legt sich wie eine Decke auf die Stadt. Du kannst deinen Sinnen freien Lauf lassen und die Welt um dich herum voll und ganz genießen. In Parks kannst du das blattleere Geäst sehen, wie es sich dunkel vom blauen Himmel abhebt, und kannst den Schnee hören, wenn er unter deinen Schuhen knirscht.

Mach einen
Nachtspaziergang

Das Licht, das die Nacht über die Stadt legt, ist etwas ganz Besonderes. Es ist nicht einfach nur ein schwarzer Mantel, der sich über alles legt. Am Horizont sieht man ein gelbliches Licht – es zeigt, dass die Stadt nicht schläft, auch wenn es dunkel wird. Die Stadt wird nachts zu einem bizarren Kabarett, einem geschäftigen Theater der Neon-Schilder, die Straßen gesäumt von den Scheinwerfern der Autos, die Bürokomplexe noch immer erleuchtet, damit die Fleißigen weiterarbeiten können. Es ist keine stille Nacht, aber sie ist wunderschön.

Stell dir vor, wie spannend das für jemanden aussehen muss, der die Stadt aus der Ferne sieht. Als ich einmal beruflich nach San Francisco fuhr und nicht wirklich

Zeit hatte, mir die Stadt anzusehen, wurde mir gesagt, dass ich in der kurzen Zeit, die mir zur Verfügung stand, am besten mit dem Taxi zur Golden Gate Bridge fahren sollte. San Francisco, so sagte man mir, sei am schönsten, wenn man es nachts von weit weg sieht.

Ich konnte über die Brücke schauen und sehen, wie die Stadt hell erleuchtet über dem Wasser lag. Es sah aus, als würden die Lichter der Brücke zurück in die Stadt laufen, als würden Glühwürmchen über dem Wasser fliegen. Auch wenn ich keine Zeit hatte, all das, was in diesem Moment in der Stadt passieren musste, zu erleben, hatte es doch eine gewisse Energie, darüber nachzudenken – Freunde, die sich in diesem Moment zum Abendessen trafen, Bücherwürmer, die zu so später Stunde zu einem Poetry-Slam gingen, die Kinos, die um Mitternacht einen Film spielen würden, das Lachen der Menschen, die aus einem Kabarett kamen.

Die Stadt als glitzernde Metropole zu sehen musste, so dachte ich, ein kleiner Einblick sein in das Erlebnis, das Astronauten machten, wenn sie die Erde von oben sahen.

All das Chaos unter ihnen wirkt ruhig und beinahe heiter in diesem endlosen Universum.

KONTRAST SCHAFFEN

Inmitten der Stadt erleben wir die Nacht anders als unsere Vorfahren, die nur ein Lagerfeuer und die Sterne über ihnen als Lichtquelle hatten, bis die Sonne wieder aufging. Dieser 24/7-Lifestyle, den wir entwickelt haben, hat uns sicherlich dabei geholfen, mehr zu erreichen – aber alles hat seinen Preis. Das Dunkel der Nacht ist wichtig für uns, für unseren Körper. Wir brauchen es für einen erholsamen Schlaf und ein funktionierendes Immunsystem. An einem Ort zu leben, an dem kaum geschlafen wird, kann daher sehr zehrend für den Körper sein.

Wir müssen daher darauf Acht geben, dass wir der Dunkelheit in unserem Zuhause Platz lassen, sodass wir einen Kontrast zu dem Lärm und dem Licht draußen haben. Wir sollten unsere Abende daher ruhig gestalten und so wenig wie möglich künstlich beleuchten. Wir können auch elektronische Geräte wie Fernseher, Laptops und Telefone ausschalten, sodass wir unserem Körper die Dunkelheit geben, die er braucht.

So können wir die Nacht auch in der Stadt genießen. Denn wenn wir einen Rückzugsort haben, dann können wir auch den Lärm und die Lichter als angenehm erfahren, denn unser Körper ist ausgeruht und aufnahmefähig, unsere Gedanken sind geordneter.

Wenn wir uns also öffnen können für die Erfahrungen, die die Stadt in der Nacht bietet, dann sehen wir mehr. Zum Beispiel sehen wir die Farben des Sonnenuntergangs und die vielen Blautöne am Himmel, wenn die Sonne schon verschwunden ist. Und wir riechen auch mehr – die exotische Küche eines Restaurants oder vielleicht sogar einen nahegelegenen Park.

Die lebhaftesten Erinnerungen, die ich von Städten habe, sind ihre Anblicke bei Nacht. Irgendwie habe ich das Gefühl, dass die Nacht die Persönlichkeit einer Stadt mehr zur Geltung bringt und eher darauf aufmerksam macht, was eine Stadt besonders macht.

FLACKERN

In der Nacht spazieren zu gehen, ohne ein bestimmtes Ziel zu haben, macht uns auf Details in unserer Stadt aufmerksam, die wir bei Tag nicht sehen würden. Wir sehen den Mond über uns und während wir so hinaufschauen, werden wir daran erinnert, dass wir nur ein ganz kleiner Teil eines unendlichen Universums sind. Aber wir fühlen uns nicht unwichtig im Vergleich mit den unendlichen Dimensionen von Zeit und Raum, sondern wir haben die Möglichkeit, das Jetzt in vollen Zügen zu genießen. Hin und wieder daran zu denken, dass wir nur ein Flackern im ewigen Licht des Universums sind, gibt uns die Möglichkeit, dankbar zu sein, dass wir überhaupt existieren.

Die Farbe
des Winters

Wenn ich keine Augen hätten, die mir sagen, dass der Winter kommt, dann würden es meine Knochen tun. An Tagen, an denen die Sonne kaum mehr durch die dicken Wolkendecken dringen kann, beginnen auch meine Gelenke zu schmerzen. Es liegt nicht nur an der Kälte. Ich muss damit umgehen, dass alles Grün abstirbt – die Gräser am Rand der  Bahngleise, die Balkone, die Parks, sie alle sterben ab, und statt ihnen hängen Öde und Farblosigkeit in der Stadt.

Im Winter hat man das Gefühl, die ganze Stadt suhlt sich in Schlamm. In dieser düsteren Stille sind hektische Jobs und kurze Tage umso eintöniger und nehmen uns die Freude an allem, das lebhaft ist. Und den ganzen Tag Zuhause zu verbringen macht es uns schwer, uns mit anderen Menschen verbunden zu fühlen.

FARBTHERAPIE

Farbe ist meine Medizin. Daher mache ich mich an Sonntagen gerne auf, ein Museum zu besuchen. Psychologen und Therapeuten wissen, wie sehr Farbe unsere Psyche und unsere Gedanken beeinflussen kann. Rot kann beispielsweise einen Adrenalin-Ausstoß bedingen, Blau, Grün und Violett können uns Ruhe schenken und Orange gibt uns Wärme.

Kunstmuseen sind daher gute Farbtherapien und in den meisten Städten auffindbar. Und Kunstmuseen sind nicht nur billiger als ein Urlaub am Strand, sondern sie verändern sich auch immer wieder, sodass wir uns nie daran sattsehen können.

Sobald du dich in einem Kunstmuseum befindest, weit weg vom schlechten Wetter, bist du in einer anderen Welt – beruhigende, blütenweiße Wände, laute, lebhafte Farbe an den Leinwänden. Damit du konzentriert bleibst, könntest du in jedem Raum auf eine andere Farbe achten. Ich suche besonders gerne nach Gelb, vor allem dem optimistischen Gelb, das man in abstrakten Gemälden findet.

Wenn ich meine Augen auf einem Gemälde ruhen lasse oder sogar nur auf einer bestimmten Farbe, dann stelle ich mir gerne vor, wie es sich in meinem Kopf ausbreitet. In Kunstgalerien habe ich, unabhängig von der Stadt, Farben immer am intensivsten wahrgenommen, am realsten und lebendigsten. Jackson Pollocks Bilder im MOMA, in denen die Farbe bedächtig Meter für Meter aufgeschichtet wurde, oder Claude Monets schillernde Seerosen im Musée de l'Orangerie in Paris sind gute Beispiele.

Gemälde sind Fenster in eine andere, in eine lebhafte-re, freundlichere Welt, die es uns ermöglichen, andere

Gefühle als unsere eigenen zu empfinden. Der Maler Wassily Kandinsky glaubte, dass Farbe genauso wie Musik die Seele berühren. Auf jeden Fall aber sind Kunstmuseen für die Seele genauso schön und aufregend wie die ersten Blüten im Frühling.

An einem besonders düsteren Novembertag vor einigen Jahren besuchte ich das National Maritime Museum in London, um mir die Meerespanoramen von Turner anzusehen. Ausgestellt waren über einhundert Gemälde, die die elementare Macht des Meeres zeigen sollten. Sonnenuntergänge, Stürme, Dünen und Wracks in Häfen waren skizziert, oder durch Öl- und Wasserfarben auf die Leinwand gebannt worden. Eine Palette von Kobaltblau, Weiß, Dunkelblau und Smaragdgrün. Angeblich kletterte Turner für seine Bilder auf Masten, um die See besser überblicken zu können, wenn er malte. Und ich dachte daran, wie glücklich ich mich schätzen konnte, so nahe an dieser wunderbaren Ausstellung zu wohnen, die mir das Gefühl vermittelte, ich sei selbst am Meer.

STRASSENKUNST ENTDECKEN

Man muss kein Wissenschaftler sein, um die Farben eines Gemäldes wertzuschätzen, aber wenn Kunstgalerien nichts für dich sind, dann überlege dir, wo du sonst Farben finden kannst. Kirchen und Kathedralen haben oft riesige Fenster aus buntem Glas, die Heilige abbilden. Und in manchen Städten, wie zum Beispiel Philadelphia, Melbourne, London, Washington und New York gibt es viele Graffiti und auch Schablonenkunst. Oft gibt es eigene Ausstellungen und Führungen durch die Stadt, die von den Künstlern als Leinwand gesehen wird. Durch Straßenkunst können wir uns auch wieder mit der Stadt verbunden fühlen, selbst wenn wir uns der Kälte wegen von ihr abschotten.

Lass dich vom
Regen beruhigen

Wanderer sagen immer, es gebe kein schlechtes Wetter, sondern nur schlechte Kleidung. Für Stadtbewohner ist dieser Optimismus oft nicht nachvollziehbar. Regen, manchmal sogar Schlimmeres, ertränkt Wochenendpläne – Sport, Spaziergänge, Spielplätze. Muss man pendeln, so versprechen die durchnässten Schuhe und Socken bereits einen fantastischen Tag, wenn man sich unter dem Dach der Busstation zusammendrängen muss.

Wenn wir sehen, wie der Regen auf den Beton fällt, dann freuen wir uns nicht wie der Wanderer, der die Schönheit darin sehen kann. Von Kopf bis Fuß in regenfester Kleidung hat er die Möglichkeit, die Tropfen, die auf ein Blatt fallen, zu beobachten oder den Wolken zuzusehen, wie sie sich immer weiter zusammenziehen.

Und das, obwohl der Regen in der Stadt derselbe ist wie überall sonst. Also können wir vielleicht in Zukunft so darüber denken, dass der Regen, der uns auf die Windschutzscheibe klopft, derselbe ist, der in einer anderen Situation Freude bringen kann.

Wir können auch daran denken, dass der Regen bei uns nur auf der Durchreise ist und schon von weit her gekommen ist. Und dass diese Veränderungen zur Stadt gehören und die Stadt zu dem machen, was sie ist. Und bevor wir uns versehen, hat der Regen schon wieder aufgehört, verdampft nun in der Atmosphäre um sich dann wieder in Wolken zu sammeln und zu kristallisieren.

NACHDENKEN ÜBER DAS WASSER

Regen hat eine ähnliche Besinnlichkeit wie Wasser und ich bemerke immer öfter, dass die Besinnlichkeit des Wassers in Städten immer wichtiger wird. Wasser wird immer öfter als Ruhepol eingesetzt – egal, ob als verspielte Wasserfontänen, Sitzgelegenheiten um spiegelklare Brunnen oder sogar schmale Rinnsale, die durch den Beton geleitet werden. Viele von ihnen ergänzen Springbrunnen oder Wasserinstallationen, die es schon seit Jahrzehnten in den Städten gibt.

Den Bewegungen des Wassers zuzusehen erinnert mich immer daran, was gerade wichtig ist. Wenn es nötig ist, setzt sich Wasser in Bewegung und fließt und quellt; es weiß aber auch, wann es Zeit ist, zu ruhen. Es erinnert mich auch daran, dass es nicht gut tut, emotionalen und körperlichen Ballast in sich zu tragen, denn Wasser hält an nichts fest. Seine Oberfläche spiegelt den Moment nur so lange wieder, wie er anhält. Ein Fluss toleriert alles, was mit ihm reisen will, egal, wie schön oder hässlich – Fische, Dosen, Blätter und Algen –, aber er hält an nichts davon fest.

Ruhepole mit Wasser zeigen Verständnis dafür, dass man nicht am Meer sein muss, um die therapeutische Wirkung des Wassers zu erfahren. Wasser ist ein Teil von uns, sowohl geistig als auch biologisch. Ich glaube, dass das der Grund dafür ist, dass sein Anblick und sein Klang auf uns so beruhigend wirken, egal, in welcher Form wir es erfahren. Schließlich ist dieses Element lebensbegründend und lebenserhaltend, und diese Qualitäten hat Regen in gleichem Maße. Und deshalb versuche ich daran zu denken, wie wichtig Wasser ist, selbst wenn ich bis auf die Knochen durchnässt bin.

Ich versuche, die Unannehmlichkeiten, die der Regen mit sich bringt, als eine Erinnerung daran, dass wir manche Dinge einfach nicht kontrollieren können, wahrzunehmen. Und manchmal ist es besser, zu akzeptieren, anstatt gegen das, was das Universum uns bringt, anzukämpfen. Einfach nur zu wissen, dass ich nicht viel dagegen tun kann, nass zu werden, lässt mich das Gefühl des Wassers auf meiner Haut genießen.

EIN BILD PURER GELASSENHEIT

Als ich einmal das Brandenburger Tor in Berlin besuchte – früher ein Symbol für die politische Spaltung zwischen Ost- und Westdeutschland während des Kalten Krieges, das später zu einem Symbol der Wiedervereinigung wurde –, wurde ich wieder daran erinnert. Als ich nahe des Tores saß, standen einige Meter neben mir Grüppchen von Menschen, die sich mit Regenschirmen vor dem Wasser schützen wollten.

Sie meditierten; sie bewegten sich die ganze Zeit über, die ich sie beobachtete, nicht. Ich verstand nicht, warum sie dort standen, aber ihre Ruhe war trotz des turbulenten Wetters und der Touristen, die wild Fotos schossen, ungebrochen. Sie wirkten so ruhig inmitten dieser grauen, düsteren Landschaft – es sah aus wie ein Gemälde.

Einige Psychologen sagen, es sei wichtig, Ungewissheit im Leben zu akzeptieren. Unser Wohlbefinden, so sagen sie, hängt davon ab und es sei auch wichtig, dass wir uns selbst als Teil eines größeren Ganzen wahrnehmen. Die Grüppchen in Berlin, so dachte ich, hatten dieses Prinzip verstanden. Es war ihnen egal, was sie anhatten – sie genossen den Tag trotz des Regens.

Erschaffe eine
Insel der Wildnis

Blühende Gärten in der Stadt sind Akte der Rebellion. Immer, wenn ich eine Fensterbank sehe, die Kräutertöpfchen beherbergt, oder einen winzig kleinen Garten, der beeindruckendes Grün beheimatet, Blätter so groß wie Pfannen, denke ich unwillkürlich an die Person, die so entschlossen ist, Schönheit in die Stadt zu bringen.

Was diese Plätzchen so schön macht, ist, dass sie nicht nur gepflanzt wurden, um den Gärtner zu erfreuen, sondern die ganze Nachbarschaft. Ich habe mit vielen Stadtgärtnern gesprochen, von Tokio bis Los Angeles, und herausgefunden, dass es oft der Wunsch ist, andere zu erfreuen, der diese Menschen dazu bringt, ein paar Pflanzen in ihr Leben zu holen.

Oft ist dieser Wunsch nicht ambitioniert – einfach einer zufällig vorbeigehenden Person den Tag zu erhellen reicht diesen Stadtgärtnern schon aus. Aber er kann auch öffentlich und politisch ambitioniert sein. In San Francisco haben sich beispielsweise einige Menschen zusammengetan und kleine Gärtchen und Parks am Asphalt vor ihren Wohnungen gepflanzt. Sie sollen Passanten dazu auffordern, stehen zu bleiben und die Pflanzen zu genießen.

Diese Miniatur-Parks, manche von ihnen sind nur ein paar Betonplatten groß, wurden dazu geschaffen, von Menschen bemerkt zu werden, die sich sonst nicht die Zeit nehmen würden, Grünflächen aufzusuchen. Die Pflanzen werden in niedrigen Töpfen gepflanzt, sodass Kinder sie aus dem Kinderwagen heraus sehen und Menschen, die im Rollstuhl sitzen, an ihnen riechen können.

Vor allem aber sind sie kleine Rebellionen. Sie sind ein Versuch, die Stadt, vor allem die Straßen, die oft nur mit Straßenverkehr im Sinn konzipiert sind und zu oft nur bedrückenden Beton zu bieten haben, wieder menschenfreundlicher zu gestalten. Und es ist großartig, dass sogar so kleine Inseln der Wildnis schon ein Gespräch mit der Stadt in Gang bringen können.

GRÜNE FLECKCHEN

Ein paar Töpfchen oder Blumenkästen können die Wahrnehmung der Stadt als ein Ort der Autoreifen und des Betons in eine Wahrnehmung verändern, in der die Stadt bunt und voller Gerüche ist. Sie zeigen, wie du die Stadt erleben willst. Kleine Gärtchen sind Symbole ihrer Besitzer, dass sie sich eine Stadt wünschen, die saubere Luft und ein nachhaltiges Ökosystem bietet.

Sogar die kleinsten grünen Fleckchen reinigen die Luft um sie herum – sie nehmen CO_2 auf und geben Sauerstoff ab, und die Erde saugt den Regen auf, um damit die Pflanzen zu nähren. Für Bienen bieten sie Nektar.

Bienen, Vögel, Käfer und Schmetterlinge sind mittlerweile gefährdet, da sie ihren natürlichen Lebensraum zunehmend verlieren, der Klimawandel ihnen zusetzt und die Chemikalien, die wir in die Luft abführen, schädlich für sie sind. Kleine Blumenoasen werden so immer wichtiger. Diese kleinen grünen Fleckchen auf beengtem Raum zu gestalten bietet viele Vorteile für den großzügigen Gärtner. Wenn Insekten die Pflanzen bestäuben, wird aus einem kleinen grünen Gärtchen eine Welt der Farben und Gerüche – sie fördern nämlich nicht nur die Reproduktion der Pflanzen, sondern ermöglichen auch eine reiche Ernte bei Nutzpflanzen.

ÖKOLOGISCHE RASTSTÄTTE

Wenn eine dieser Oasen mit einer anderen in Kontakt treten kann, dann wird es besonders spannend. Dein Garten ist dann Teil eines Netzwerkes, und die vielen verschiedenen Pflanzenarten locken immer mehr Tierchen an.

Wie großartig ist der Gedanke, dass dein Garten eine Art Raststätte für diese wichtigen Tierchen sein kann, wie an einer Autobahn. Zusammen mit anderen

Gärtchen, Blumenkästen und Parks bildet ihr eine Route des Überlebens. Und wenn dein Gärtchen oder Blumenkistchen in der Nähe eines Feldes oder sogar nur eines kleinen Apfelbäumchens ist, dann hilfst du dabei, Lebensmittel zu produzieren. Bienen transportieren beispielsweise Blütenstaub von einer Pflanze zur nächsten.

Es ist die perfekte altruistische Geste. Aber es hilft uns auch daran zu denken, dass wir alle miteinander verbunden sind. Unsere Bestäuber brauchen uns, aber sie sind auch eine der wichtigsten Ressourcen für uns. Ohne sie würden viele Früchte, Gemüsesorten und Nüsse, aber auch Öle und Stoffe gar nicht existieren. Und so kann uns selbst ein kleiner Garten mit diesen großen Prozessen in Verbindung bringen.

Vertraue
der Stadt

Ich besuchte einmal einen kleinen Garten, den einige Bewohner einer Straße in London gepflanzt hatten. Sie nannten ihn „Die essbare Haltestelle". Sie war, wie man sich vielleicht denken kann, um eine Bushaltestelle herum gepflanzt, um ein ödes Fleckchen Erde in ein kleines Paradies zu verwandeln.

Kartoffeln, Stachelbeeren und verschiedene Kräuter waren dort angepflanzt und jeder, der wollte, konnte ernten. Die essbare Haltestelle brachte Leben an einen langweiligen Ort, aber noch bemerkenswerter war die Geste, die dahintersteckte.

Der Garten war nicht abgeschlossen, um ihn zu schützen. Ich fragte die freiwilligen Gärtner, warum sie den Garten nicht schützen wollten. „Wir wollten, dass der Garten für alle zugänglich ist", sagten sie.

Und sie sollten Recht behalten: Die essbare Haltestelle wurde nicht ein einziges Mal in Gefahr gebracht. Und ihrer Bitte, man solle ein Päckchen Samen spenden oder selbst mithelfen, wenn man erntete, wurde weitgehend nachgekommen.

Und das war nicht das erste Mal, dass ich so ein Gärtchen, an dem viele Menschen täglich mithalfen, sah. Ein anderes war eine Feldblumenwiese, die neben einem Football-Feld angepflanzt wurde. Anfangs wurde gegen dieses Projekt protestiert, denn man sagte, die Kinder, die auf dem Feld spielen, würden keine Rücksicht auf die Pflanzen nehmen. Aber der Gärtner, der dieses Projekt ins Leben gerufen hatte, erzählte ein Jahr nach der Bepflanzung während einer Präsentation, dass die Pflanzen wunderbar gediehen und nie zertrampelt würden.

SIEH DAS GUTE

Anekdoten wie diese zeigen, dass wir der Menschheit

nicht immer misstrauen sollten. Ironischerweise sind diese Anekdoten nämlich aus den scheinbar unsichersten Gegenden.

Meine Mutter, die auf Land lebt, glaubt ebenso wie viele andere, dass die Stadt gefährlich und voller Verrückter sei. Sie sieht die Stadt, in der wir unsere Kinder großziehen, immer nur aus den Nachrichten, die ja bekanntlich nur das Schlechte berichten. „Du weißt ja nie, neben was für einem Menschen zu sitzt", sagt sie beispielsweise über öffentliche Verkehrsmittel.

Ich habe aber das Gefühl, dass das Leben neben so vielen anderen Menschen auch das Potenzial hat, dass wir Menschen mehr vertrauen können. Je mehr Menschen wir begegnen, je mehr Erfahrungen wir machen, desto mehr können wir sehen, dass der Mensch ein gutes Wesen ist. Wir haben alle Horror-geschichten aus der Stadt zu erzählen und in manchen Situationen muss man gut reagieren können. Aber je mehr wir mit Menschen interagieren, desto mehr können wir das Vertrauen durch gute Erfahrungen wieder aufbauen.

OHNE VORURTEIL

In der Zeit, die ich nicht in der Stadt wohnte, traf ich einige wundervolle, großartige Menschen, aber ich sah auch Neid und Gier und ein generelles Misstrauen gegen alle, die nicht aus der Gegend waren. Diese Erfahrung bewies für mich, dass das Landleben auch weniger Gemeinschaftssinn als die Stadt haben kann.

Städte sind genauso gute Orte, um Vertrauen und ein Gefühl für Gemeinschaft zu entwickeln, wie das Land, denn sie sind offen und divers. Vertrauen in andere Menschen wird durch gute Erfahrungen aufgebaut, und in einer Stadt kann man wahnsinnig viele davon machen. Ständig zu misstrauen kann einfach sein, aber je mehr wir über unsere guten Erfahrungen mit anderen Menschen nachdenken, desto großzügiger und glück-licher werden wir. Wenn wir Menschen treffen, die sich uns gegenüber schlecht verhalten, dann tendieren wir oft dazu, das auf die vermeintlich inhärent schlechte Natur der Stadt zu schieben. Aber wenn wir einfach versuchen, uns all die guten Erfahrungen wieder ins

Gedächtnis zu rufen, dann werden wir uns besser fühlen.

Stattdessen sollten wir auf Situationen ohne Vorurteile zugehen. Beobachte einmal genau die Erfahrungen, die du während eines Tages machst. Sieh dir an, wie die Menschen, die an dir vorbeigegangen sind oder mit denen du interagiert hast, dich behandeln. Du wirst positiv überrascht sein, denn du wirst mehr Gutes sehen, als du erwartest. So wie die Gärtner, die auf ihre Nachbarschaft vertraut haben, können wir nicht wissen, wie gut die Menschen sein können, wenn wir ihnen keine Chance geben.

Baue eine
gemeinschaftliche Stadt

Zu teilen ist eine Lebensart, die in der Stadt voll ausgelebt werden kann. Wenn so viele Menschen auf so wenig Platz zusammenleben, kann das sogar unausweichlich sein.

Bäder, Bücherein und Museen sind in der Stadt belebter als am Land und weil Gärten für viele Menschen keine Option sind, werden Parks für viele zum gemeinsamen Treffpunkt. Das ist gemeinschaftliches Leben im weitesten Sinne. Manchmal kann es klaustrophobisch sein, mit so vielen Menschen an einem Ort. Aber so viele Orte in der Stadt sind ideale Möglichkeiten, sich in eine Gemeinschaft einzugliedern und das Beste aus dieser Enge zu machen. Denn Gemeinschaften sind wichtig für unser Wohlbefinden.

Bereichernde städtische Gemeinschaften sind vielfältig. Das Wunderbare an einer Stadt ist, dass du immer Menschen finden wirst, mit denen du dich verbünden kannst, egal was dich interessiert oder dir wichtig ist. Eine sehr große Gemeinschaft der meisten Städte beschäftigt sich mit der Umwelt – sie rufen Initiativen wie Fahrgemeinschaften oder Zero-Waste-Supermärkte ins Leben. Auch Lebensmittelsicherheit bringt viele Menschen zusammen. Diese Bündnisse aus Menschen unterschiedlichster Herkunft und Lebensweise kümmern sich um Bedürftige, und manche erschaffen kommunale Gärten, um wirklich frische Lebensmittel verteilen zu können.

EINE BEREICHERNDE EXISTENZ

Das kann eine wunderbare Alternative zu einem auf sich selbst gerichteten Leben sein, bei dem man nur versucht, sich selbst und seine Familie möglichst gut durchzubringen. Dieser Druck kann isolierend sein, denn oft scheint es, als wären wir mit unseren Problemen allein. Aber in gemeinschaftlichen Städten teilt man Wissen, Lebensmittel und Platz miteinander, und das kann eine Existenz bereichernd machen.

Ungeachtet der Ergebnisse solcher Unterfangen kann es einem ein Gefühl der Zugehörigkeit vermitteln, zusammen mit Nachbarn, mit denen man sonst nichts zu tun hätte, Lebensmittel zu produzieren oder sich sozial zu engagieren. Die Erde umzugraben, während du mit einem neuen Freund, der zwei Türen weiter lebt, plauderst, oder gemeinsam Spenden für einen sozialen Verein zu sammeln, kann Städte zu schöneren Orten machen. Es bringt uns auch einer Seite der Menschlichkeit näher, die wir oft vergessen, wenn wir nur mit uns selbst beschäftigt sind. Zu wissen, dass neben dir großartige, gute Menschen leben, kann dich bereichern.

Ich sprach einmal mit einer Frau in Harlem, die alleine lebte und die Wochenenden fürchtete, denn ihre Freunde waren mit ihren Familien beschäftigt und so vereinsamte sie. Einkaufen zu gehen brachte sie wieder aus dem Haus und gab ihrem Tag Struktur, bis sie schließlich durch ihre Nachbarn auf ein gemeinschaftliches Gartenprojekt auf einem verlassenen Parkplatz aufmerksam gemacht wurde. Da sie selbst keinen Garten hatte, war sie überglücklich über diese Möglichkeit, die Hände mit Erde und Pflanzen zu beschäftigen. Aber, so erzählte sie mir, was viel bedeutender war, war der Umgang mit anderen Menschen, die durch diesen Garten zusammengefunden hatten. Und dabei zu helfen, Bedürftige mit frischen Lebensmitteln zu versorgen, gab ihrem Leben einen Sinn und eine Richtung – Dinge, die sie in ihrem Leben vermisst hatte.

GEMEINSCHAFTLICHE ACHTSAMKEIT

Achtsame Gemeinschaften sind nicht nur Nachbarschaften vorbehalten. Fordernde Berufe führen oft dazu, dass die Freizeit sehr limitiert ist, und man sich nachbarschaftlichen Projekten nicht anschließen kann. Aber auch Arbeitsplätze legen immer mehr Wert auf Gemeinschaft. Firmen bemerken immer mehr, wie wichtig die psychischen und physischen Vorteile von gemeinschaftlichen Aktivitäten sind, denn diese sorgen für ein glücklicheres

Personal und weniger Krankenstände. Dachgärten sind ein städtisches Phänomen, das Achtsamkeit in den Beruf einführt. Kollegen treffen sich in Mittagspausen, um sich um diese Gärten zu kümmern, und genießen die Schönheit dieser Orte. Manche Firmen engagieren sich auch sozial und setzen dabei nicht auf gesichtslose Spenden, sondern auf Projekte, an denen sich die Mitarbeiter beteiligen können.

Eine Freundin von mir stellte einen Bienenstock auf dem Dach ihrer Firma auf. Dieses Unterfangen wurde zu einem großen sozialen Projekt der Firma, die mit Jugendlichen zusammenarbeitete, die im Arbeiten mit den Bienen neue Fähigkeiten und Selbstvertrauen gewinnen konnten.

So eine gemeinschaftliche Achtsamkeit ist vielleicht nicht Teil deiner Firma, aber es gibt genug Beispiele für Initiativen, die von einer einzigen Person ausgingen. Vielleicht kannst du deinen Chef überzeugen, ein neues Projekt ins Leben zu rufen, von dem auch er profitieren kann.

Zusammen mit
anderen

Achtsamkeit lässt sich leicht mit einem Topf voll Gold am Ende des Regenbogens verwechseln – als etwas, das wir finden, sobald wir es aus der Stadt geschafft haben. Eine leichte Brise am Feld, wellendes, blaues Meer, ein Spaziergang am Strand ohne andere Menschen – solche Umstände, so glauben wir oft, müssen gegeben sein, um sich zu entspannen und sein Selbst zu finden. Es scheint, als könnten wir nur so unseren Ängsten entgehen.

Ich weiß, wie heilend solche Umstände für gestresste Stadtbewohner sein können. Mittlerweile wissen wir viel über die heilenden Qualitäten von frischer Luft und Natur. Menschen haben in der ein oder anderen Form die Erde seit Millionen von Jahren bevölkert, lange vor der Erfindung des Betons. So ist auch klar, wie wichtig der Kontakt zur Natur für uns ist. Aber Achtsamkeit kann nicht wirklich erlebt werden, wenn wir nicht die unglaubliche Kraft wahrnehmen, die die Gemeinschaft mit anderen Menschen innehat.

Das Gedränge der Stadt steht für viele Menschen für alles, was mit unserem Leben falsch läuft. Diese unglaubliche Nähe zu anderen Menschen als Gedränge wahrzunehmen, nimmt uns die Möglichkeit, sie als Bereicherung zu sehen. Und viele von uns haben nicht immer die Chance, sich auf das Land zurückzuziehen, wenn wir gestresst sind. Außerdem sind andere Menschen immer Teil unserer Realität.

TEIL DER MENSCHHEIT

Die Samen einer ruhigen, friedlichen Seele sind nicht in der Erde. Sie sind in unseren Köpfen, und zwar immer. Und das bedeutet, dass lokale Projekte oder der Besuch einer fantastischen Ausstellung die Achtsamkeit genauso zum Erblühen bringen können wie ein Spaziergang im

Wald. Diese Aktivitäten haben alle denselben Wert, nur unsere Wahrnehmung macht sie unterschiedlich.

An einem Weihnachtsabend, der erste, den wir wieder in London verbrachten, gingen wir in ein Konzert in der Royal Albert Hall. Es war das erste Mal seit unserer Rückkehr, dass wir an einem kulturellen Event teilnahmen. Wir kamen ein bisschen zu spät, etwa zehn Minuten, und so war das Konzert bereits in vollem Gange, als wir unsere Plätze einnahmen. Das Publikum war festlich, manche von ihnen hatten Weihnachtspullover an oder hatten sich mit Weihnachtsbeleuchtung behangen und sangen begeistert „Jingle Bells".

Diese Stimmung war atemberaubend, einnehmend. Es war überwältigend, all die Tausenden von Stimmen zu hören, die gemeinsam zu einem Chor wurden. Als wir auf dem Land wohnten, fühlte ich mich mit den Geräuschen der Natur, dem Rauschen des Ozeans, dem Krächzen der Vögel, dem Heulen des Windes, oft sehr einsam. Aber hier, mit all diesen Stimmen, fühlte ich mich als Teil der Menschheit.

BEDÜRFNIS NACH GEMEINSCHAFT

Vor Jahren besuchte ich eine kommunale Töpferei, um eine Geschichte über ihren (schlussendlich erfolgreichen) Kampf gegen die Schließung zu schreiben. Die Töpferei bot kostenfreie Kurse für ältere Menschen, Obdachlose und Kinder aus finanziell schwachen Familien an. Der Rat, dem das Land gehörte, wollte die Töpferei schließen und Wohnhäuser bauen. In einem Gespräch mit den Kursteilnehmern lernte ich, dass das Bedürfnis nach Einsamkeit Luxus sein kann.

Muriel war 83 Jahre alt, lebte alleine und erzählte, dass sie jeden Mittwoch den Kurs besuchte, denn es war das einzige, was sie jede Woche tat. Kevin, ein junger Mann der obdachlos war, als er mit dem Kurs begonnen hatte, hatte sich durch ihn genug Fähigkeiten erarbeitet, um einen neuen Job zu finden. Und Mary, eine andere ältere Kursteilnehmerin, fasste es am besten zusammen: „Ich konnte letzte Woche nicht kommen, und es war furchtbar. Das hier ist der einzige Ort, an den die meisten hier kommen können, sie sehen sonst niemanden. Wenn wir Orte, an denen wir uns treffen können, verlieren, dann werden wir auch die Hoffnung verlieren."

Leo Hollis sagt in seinem Buch *Städte sind gut für Dich*: „Wir haben ein biologisches Bedürfnis danach, zusammen zu sein ... Für Jean-Paul Sartre bestand die Hölle aus anderen Menschen, aber der kettenrauchende Existenzialist lag falsch." Wenn eine willkürliche Zusammenkunft von Menschen zu einer Gemeinschaft werden kann – egal ob während eines Konzerts, eines Gartenbau-Projektes oder einer Demonstration –, dann erleben wir die Menschheit anders. Wir sehen, wie viel Druck wir uns selbst machen, jeden Moment wichtig zu nehmen, und finden unseren Platz in dieser Welt. Aber einfach Teil einer Gemeinschaft zu werden, nimmt uns die Bürde, das alleine machen zu müssen, und das ist manchmal alles, was wir brauchen.

Liebe
die urbane Spezies

Frag eine Person, die nie in der Stadt gelebt hat, wie Stadtbewohner sind, und sie wird dir vermutlich sagen, dass wir aufstrebend sind, eine Tendenz zu Stress haben und geldgierig sind. Sie sagen vielleicht auch, dass wir zu schnell gehen, unhöflich und aggressiv sind, ganz besonders, wenn wir mit dem Zug reisen. Und sie sagt vielleicht auch, dass wir verrückt seien, uns für diesen Lebensstil zu entscheiden, bei dem wir so nahe mit so vielen anderen Menschen zusammenleben.

Der englische Autor William Blake schrieb einmal: „Wo der Mensch nicht ist, ist die Natur karg." Wie wahr. Viele, die Blake studieren, interpretieren diese Worte vielleicht anders, aber für mich sind sie sinnbildlich für das Leben in der Stadt. Denn an einem Ort zu leben, der uns von anderen Menschen isoliert, ist sogar noch verrückter.

Es wird gerne übersehen, dass die Verbindung zu anderen Menschen außerhalb unserer eigenen vier Wände wichtig ist, um zu verstehen, wer wir sind, wer wir nicht sind und wo wir Zuhause sind. Es gab eine Zeit, in der auch ich das übersehen habe. Ich lebte mit einem überfüllten Kalender, voll von Terminen zum gemeinsamen Abendessen mit Freunden, Meetings, für die ich zu wenig Zeit hatte, und andere Dinge, für die ich an vier Orten gleichzeitig hätte sein müssen. Ein Leben, in dem ich mit so wenigen Menschen wie möglich Kontakt haben müsste, schien mir ideal.

Und da lag ich falsch. In einem kleinen Café am Meer, am westlichsten Punkt des Landes, wo ich vergeblich versucht habe, Ruhe und Frieden zu finden, bekam ich einen Tipp, über den ich lange nachdachte und der mich auf meinem Weg zum Glück weitergebracht hat. „Du darfst dir nicht erlauben, auszudörren", sagte ein etwa sechzig Jahre alter Mann, Großvater von sechs Enkelkindern. „Je mehr du dich mit anderen Menschen umgibst, desto mehr Energie hast du für das Leben."

Und da hatte ich den Grund, warum ich mich so weit von der Stadt, die ich liebte, und in der die Menschen lebten, die ich liebte: Ich dörrte aus. Ich habe meine 20er und den Großteil meiner 30er Jahre in der Stadt gelebt und hatte unbewusst gelernt, meine Energie aus dem Treiben zu ziehen. Ich weiß nun, was es bedeutet, wenn Städte als wildes Treiben beschrieben werden: Es bedeutet, dass sie die Energie von all den Menschen, die neben und miteinander arbeiten, reden, erfinden und leben die Stadt zum Leben erwecken. Eine Stadt fühlt sich spannend an, *ist* spannend, weil sie aus der Energie all ihrer Bewohner besteht.

DIE FRIEDVOLLSTE NACHRICHT

Manche von uns können sich natürlich an Einsamkeit gewöhnen. Manche von uns können in kleine Dörfern leben und Gemeinschaften finden. Aber ich hatte für mich herausgefunden, dass die Stadt meine Gemeinschaft war und dass ich meinen Seelenfrieden nicht mit nach innen gerichtetem Blick finden kann – und ich frage mich, ob das überhaupt möglich ist.

Städte sind Gemeinschaften, die einen aus sich selbst herauslocken. Und viele von ihnen tragen ihre Vielfältigkeit, egal ob es um Ethnizität, Religion, Kultur oder Sexualität geht, mit Stolz, als etwas, das für ihre Identität fundamental ist. Und das ist ein sehr angenehmer Lebensraum. Denn in jeder Gemeinschaft, die auf diese Weise offen für Neues ist – und Städte sind das häufig – lernen wir, mit dem, was uns voneinander unterscheidet, zu leben.

Für mich ist es offensichtlich, dass wir uns selbst eher in Perspektive sehen, wenn wir viele Menschen, viele Persönlichkeiten, viele Kulturen kennenlernen. Wir beginnen zu verstehen, warum wir als Spezies stark sind und dass wir einander brauchen. Wir können das natürlich überall erfahren, aber in der Stadt haben wir die meisten Möglichkeiten dazu.

Wir haben ein inhärentes Bedürfnis nach Natur; sie bringt uns viel über ein achtsames Leben bei. Aber wir können andere Menschen nicht aus dieser Gleichung herausnehmen. Wir *sind* Natur; wir sind Zellen, Atome, wir sind Teil des Phänomens Erde. Wir haben gesehen, welche Konsequenzen es haben kann, wenn wir Menschen und Natur trennen, wenn wir Städte vom Land trennen, wenn wir Bäume von Beton trennen. Und wir sind nun in einem Zeitalter, in dem es für unser Überleben notwendig ist, diese Unterscheidungen hinter uns zu lassen.

Ich streite nicht ab, dass eine Wanderung durch die Berge, das Echo einer Höhle, das Durcheinander der Wälder beruhigend sein können. Aber Menschlichkeit hat für mich das größte Potenzial, die friedvollste Nachricht zu übermitteln. Und wir hören sie in den lauten Straßen der Städte, die wir gebaut haben, am lautesten – unter einem endlosen Himmel und Landschaften, die Millionen von Jahre alt sind.

Wir sind dazu bestimmt, zusammen zu sein.

DANKSAGUNG

Mein endloser Dank gilt Monica Perdoni, meiner Redakteurin, die mich ermutigt hat, dieses Buch zu schreiben; Tom Kitch, Jenny Campbell und Jenni Davis für ihre Unterstützung und Führung und ihren kritischen Blick auf den Inhalt; James Lawrence und dem Design-Team der Leaping Hare Press; und Lehel Kovacs für seine wunderschönen Illustrationen.